한글파크

한국어능력시험

COOL TOPIK I

종합서

한국어능력시험(TOPIK)은 한국어를 모국어로 하지 않는 재외동포와 외국인들을 대상으로 한국어 사용 능력을 측정, 평가하여 학업과 취업에 활용하기 위한 시험입니다. 한국어를 배우려는 외국인들이 증가하면서 TOPIK 응시자도 1997년 첫 시행 이후 꾸준히 증가하고 있습니다.

그러나 TOPIK을 준비하는 외국인들이 증가할수록 익숙하지 않은 시험 유형과 주제로 인해 평소 본인의 실력을 모두 발휘하지 못하는 경우를 많이 보게 되었습니다. 게다가 제한된 시간과 낯선 시험 환경이라는 조건은 수험자들에게 더욱 큰 장벽으로 다가옵니다. 학습자가 본인의 한국어 능력을 최대한 발휘하여 시험에서 목표로 한 성과를 내기 위해서는 한국어 지식뿐만 아니라 TOPIK이라는 시험에 대한 이해가 선행되어야 할 것입니다.

이에 수험자들이 TOPIK에 대한 감각을 기를 수 있도록 'COOL TOPIK Ⅰ 종합서'를 준비하게 되었습니다.

'COOL TOPIK Ⅰ 종합서'는 TOPIK 시험의 구조와 문제 유형에 대한 이해를 돕고 실제 시험과 같은 형식의 모의고사 연습 기회를 제공하기 위해 '유형 연습'과 '실전 모의고사'를 함께 구성하였습니다.

'유형 연습' 부분에서는 문제 유형의 특성을 잘 드러내어 주는 기출문제를 선별하여 제시하고 기출문제와 유사한 형식의 실전 문제를 함께 제시함으로써 학습자들이 문제 유형에 익숙해질 수 있는 훈련 과정을 제공합니다.

'실전 모의고사' 부분에서는 유형 학습을 통해 문제의 유형에 익숙해진 학습자들이 실제 시험 환경과 동일한 조건에서 미리 시험을 치러볼 기회를 제공합니다.

또한, 'COOL TOPIK Ⅰ 종합서'는 실전 문제와 모의고사 문제에 실제 시험에서 자주 활용되는 주제 영역이 반영되었고, '머리에 쏙' 파트를 통해 TOPIK에 자주 나오는 단어와 문법 목록도 함께 제공하고 있어 시험 대비를 위한 효과적인 학습서라고 할 수 있습니다.

마지막으로, 교재가 출간되기까지 도움을 주신 분들께 감사의 인사를 전하고 싶습니다. 교재 제작을 위해 세심하게 챙겨주신 한글파크 편집진을 비롯하여, 조언과 격려로 함께해 주신 동료 선생님들, 그리고 학습자의 눈높이에서 소감을 진솔하게 전해주어 교재의 완성도를 높일 수 있게 도움을 준 학생들에게 진심으로 감사합니다.

이 책이 TOPIK을 준비하는 모든 학습자에게 도움이 되기를 바라며, 실전에서 좋은 성과를 낼 수 있도록 응원하겠습니다.

저자 일동

유형학습 전략

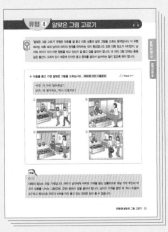
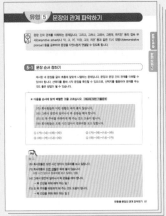

유형학습 전략에서는 기출 문제를 분석하여 문제 유형을 나누고 유형을 설명합니다. 각 유형을 대표하는 기출문제와 실전문제를 통해 시험에 대한 감각을 기를 수 있습니다.

머리에 쏙!

'머리에 쏙!'에서는 해당 유형의 문제를 풀기 위해 알아야 하는 어휘나 표현 등을 그림과 표를 통해 알기 쉽게 제시합니다. '머리에 쏙!'에서 제시되는 어휘와 표현은 꼭 기억해 두면 좋습니다.

COOL TIP!

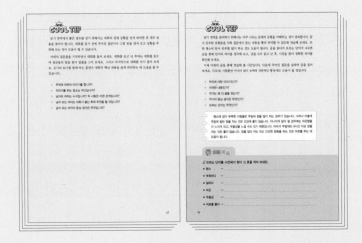

'COOL TIP!'에서는 각 영역을 효과적으로 공부할 수 있는 방법이 제공됩니다. 한국어능력시험(TOPIK) 문제 풀이뿐만 아니라 일상생활에서의 듣기와 읽기 능력도 향상될 수 있습니다.

영역별 모의고사

각 영역을 대표하는 유형의 문제가 제공됩니다. '영역별 모의고사'를 풀면서 각 영역을 복습할 수 있습니다.

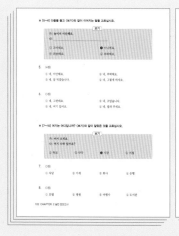

실전모의고사

실제 한국어능력시험(TOPIK)의 유형과 주제를 반영한 실전모의고사가 제공됩니다. 실제 시험 시간에 맞추어 문제를 풀면서 부족한 부분이 무엇인지 확인할 수 있습니다.

정답 및 해설(책 속의 책)

중요한 부분을 쏙쏙 설명해 주는 해설을 통해 틀린 문제도 쉽게 이해할 수 있도록 설명합니다.

❶ 한국어능력시험의 목적

- ◈ 한국어를 모국어로 하지 않는 재외동포·외국인의 한국어 학습 방향 제시 및 한국어 보급 확대
- ◈ 한국어 사용능력을 측정·평가하여 그 결과를 국내 대학 유학 및 취업 등에 활용

❷ 응시 대상

한국어를 모국어로 하지 않는 재외동포 및 외국인로서

- ◈ 한국어 학습자 및 국내 대학 유학 희망자
- ◈ 국내·외 한국 기업체 및 공공기관 취업 희망자
- ◈ 외국 학교에 재학 중이거나 졸업한 재외국민

❸ 주관기관

교육부 국립국제교육원

❹ 시험의 수준 및 등급

- ◈ 시험의 수준 : TOPIK Ⅰ, TOPIK Ⅱ
- ◈ 평가 등급 : 6개 등급(1~6급)

TOPIK Ⅰ		TOPIK Ⅱ			
1급	2급	3급	4급	5급	6급
80점 이상	140점 이상	120점 이상	150점 이상	190점 이상	230점 이상

❺ 시험 시간

구분	교시	영역	시간
TOPIK Ⅰ	1교시	듣기/읽기	100분
TOPIK Ⅱ	1교시	듣기/쓰기	110분
	2교시	읽기	70분

❻ 문항구성

1) 수준별 구성

시험 수준	교시	영역/시간	유형	문항수	배점	배점총계
TOPIK Ⅰ	1교시	듣기(40분)	선택형	30	100	200
		읽기(60분)	선택형	40	100	

TOPIK Ⅱ	1교시	듣기(60분)	선택형	50	100	300
		쓰기(50분)	서답형	4	100	
	2교시	읽기(70분)	선택형	50	100	

2) 문제유형

① 선택형 문항(4지선다형)

② 서답형 문항(쓰기 영역)

• 문장완성형(단답형) : 2문항

• 작문형 : 2문항

  – 200～300자 정도의 중급 수준 설명문 1문항

  – 600～700자 정도의 고급 수준 논술문 1문항

❼ 등급별 평가 기준

시험수준	교시	평가기준
TOPIK Ⅰ	1급	– '자기 소개하기, 물건 사기, 음식 주문하기' 등 생존에 필요한 기초적인 언어기능을 수행할 수 있으며 '자기 자신, 가족, 취미, 날씨' 등 매우 사적이고 친숙한 화제에 관련된 내용을 이해하고 표현할 수 있다. – 약 800개의 기초 어휘와 기본 문법에 대한 이해를 바탕으로 간단한 문장을 생성할 수 있다. 간단한 생활문과 실용문을 이해하고, 구성할 수 있다.
	2급	– '전화하기, 부탁하기' 등의 일상생활에 필요한 기능과 '우체국, 은행' 등의 공공시설 이용에 필요한 기능을 수행할 수 있다. – 약 1,500～2,000개의 어휘를 이용하여 사적이고 친숙한 화제에 관해 문단 단위로 이해하고 사용할 수 있다. – 공식적 상황과 비공식적 상황에서의 언어를 구분해 사용할 수 있다.

목차 ☺

- 머리말 3
- 일러두기 4
- 한국어능력시험(TOPIK) 안내 6

CHAPTER. 1
유형 학습

❶ 듣기 영역

유형 1	대화 완성하기	11
유형 2	대화 장소 고르기	20
유형 3	대화 소재 고르기	23
유형 4	알맞은 그림 고르기	25
유형 5	중심 내용 파악하기	30
유형 6	세부 내용 파악하기	36

듣기 영역 모의고사 40

❷ 읽기 영역

유형 1	이야기의 소재 고르기	51
유형 2	문맥에 알맞은 표현 고르기	53
유형 3	세부 내용 파악하기	63
유형 4	중심 내용 파악하기	71
유형 5	문장의 관계 파악하기	81

읽기 영역 모의고사 89

CHAPTER. 2
실전모의고사

제1회 실전모의고사 99
제2회 실전모의고사 127
제3회 실전모의고사 155

책 속의 책

정답 및 해설
유형 학습 2
실전모의고사 24

CHAPTER. 1
유형 학습

☑ ① 듣기 영역

② 읽기 영역

유형 학습 전략

TOPIK I 듣기 영역에서는 간단한 대화를 듣고 대화 상황을 파악할 수 있는지를 평가합니다. 대화의 내용은 자신과 가족, 취미, 날씨 등 일상생활과 관련되어 있습니다. 총 40분 동안 30문제를 풀어야 하며, 대화 내용은 두 번씩 들려 줍니다.

문제 유형

유형 1 **대화 완성하기**
1-1. 질문을 듣고 '네' 또는 '아니요'로 대답하기
1-2. 의문사가 있는 질문에 대답하기
1-3. 대화 이어가기

유형 2 **대화 장소 고르기**

유형 3 **대화 소재 고르기**

유형 4 **알맞은 그림 고르기**

유형 5 **중심 내용 파악하기**
5-1. 이야기의 목적 파악하기
5-2. 이야기의 주제 파악하기
5-3. 화자의 중심 생각 파악하기

유형 6 **세부 내용 파악하기**
6-1. 짧은 대화를 듣고 세부 내용 파악하기
6-2. 긴 대화를 듣고 세부 내용 파악하기

유형 ① 대화 완성하기

'대화 완성하기' 유형은 남자 또는 여자의 이야기를 듣고 답하는 문제입니다. 유형 1은 질문에 알맞은 답을 고르는 문제와 '인사', '사과' 등의 말에 적절히 대답하여 대화를 이어가는 문제로 나뉩니다. 따라서 말하는 사람의 억양과 핵심 단어를 잘 듣고 문제의 유형에 따라 적절한 대답을 골라야 합니다.

1-1 질문을 듣고 '네' 또는 '아니요'로 대답하기

질문에 '네' 또는 '아니요'로 대답하는 문제입니다. 질문의 마지막에 나오는 표현을 잘 듣고, 아래와 같이 '네' 또는 '아니요'에 자연스럽게 이어질 수 있는 말을 답으로 골라야 합니다.

※ 다음을 듣고 물음에 맞는 대답을 고르십시오. 제83회 1번 기출문제 　🎧 Track 1-1

> 남자: 학생이에요?
> 여자: _____

① 네, 학생이에요. 　　　　　② 네, 학생이 없어요.
③ 아니요, 학생이 와요. 　　　④ 아니요, 학생이 많아요.

▶ ①

'학생이에요?'라고 물었기 때문에 '이다'를 사용한 '네, 학생이에요.' 또는 '아니다'를 사용한 '아니요, 학생이 아니에요.' 중 하나를 선택해야 합니다.

	YES	**NO**
있다/없다	네, ○○이/가 있어요.	아니요, ○○이/가 없어요.
이다/아니다	네, ○○이에요/예요.	아니요, ○○이/가 아니에요.
동사/형용사	네, ○○이/가 _____.	아니요, ○○이/가 (반대 표현). 아니요, ○○이/가 안 + _____. 아니요, ○○이/가 + _____ -지 않아요.

의미가 반대인 단어

- 다양한 동사와 형용사 단어에 '안' 또는 '-지 않다'를 붙여 반대 표현을 만들어 봅니다.
- 의미가 서로 반대인 단어를 함께 공부합니다.

좋다– 싫다	많다–적다	크다–작다
길다–짧다	무겁다–가볍다	비싸다–싸다

 **유형 연습** 🎧 Track 1-2

※ 다음을 듣고 물음에 맞는 대답을 고르십시오.

1 제64회 2번 기출문제
① 네, 구두예요. ② 네, 구두가 예뻐요.
③ 아니요, 구두가 작아요. ④ 아니요, 구두가 있어요.

2 ① 네, 숙제예요. ② 네, 숙제가 많아요.
③ 아니요, 숙제가 있어요. ④ 아니요, 숙제가 싫어요.

3 ① 네, 손가락이 있어요. ② 네, 손가락이 많아요.
③ 아니요, 손가락이 짧아요. ④ 아니요, 손가락이 안 커요.

4 ① 네, 형제예요. ② 네, 형제가 좋아요.
③ 아니요, 형제가 없어요. ④ 아니요, 형제가 아니에요.

5 ① 네, 고향이에요. ② 네, 고향에 있어요.
③ 아니요, 고향이 아니에요. ④ 아니요, 고향에 안 가요.

1-2 의문사가 있는 질문에 대답하기

질문에 '누가, 언제, 어디에서, 무엇을' 등과 같은 의문사가 나옵니다. 질문 속 의문사를 잘 듣고 맞는 대답을 고릅니다.

※ 다음을 듣고 물음에 맞는 대답을 고르십시오. 제41회 3번 기출문제 🎧 Track 1-3

> 남자: 오늘 몇 시에 만나요?
> 여자: _____

① 목요일에 봐요.　　　　② 친구를 만나요.

③ 학교에서 봐요.　　　　④ 두 시에 만나요.

 해설

▶ ④

'언제(시간)'를 묻는 질문이므로, ④번 '두 시에 만나요.'가 정답입니다. ①번은 '언제(요일)'를 물어봤을 때의 대답이고, ②번은 '누구', ③번은 '어디에서'에 대한 대답입니다.

누가

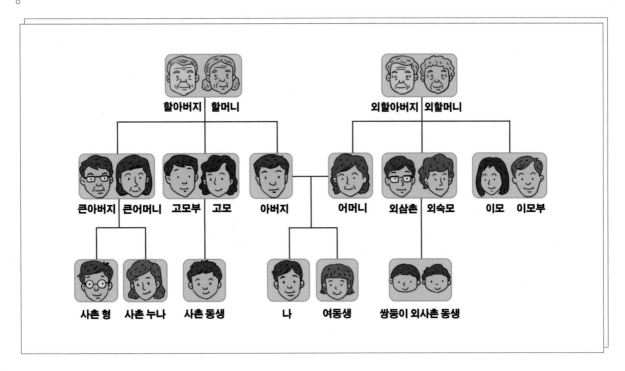

언제

과거	현재	미래
작년	올해	내년
지난달	이번 달	다음 달
지난주	이번 주	다음 주
그저께-어제	오늘	내일-모레

유형 연습 🎧 Track 1-4

※ 다음을 듣고 물음에 맞는 대답을 고르십시오.

1 제60회 3번 기출문제
① 조금 샀어요.　　　　　② 친구가 샀어요.
③ 한 시에 샀어요.　　　　④ 시장에서 샀어요.

2 ① 오늘 통화했어요.　　　② 언니하고 통화했어요.
③ 식당에서 통화했어요.　④ 점심시간에 통화했어요.

3 ① 과학을 공부해요.　　　② 친구와 공부해요.
③ 아침에 공부해요.　　　④ 도서관에서 공부해요.

4 ① 작년에 샀어요.　　　　② 후배가 샀어요.
③ 일본에서 샀어요.　　　④ 백화점에서 샀어요.

5 ① 그림이 있어요.　　　　② 제 그림이에요.
③ 아주 아름다워요.　　　④ 산에서 그렸어요.

1-3 대화 이어가기

'대화 이어가기' 유형은 앞의 유형과 마찬가지로 남자 또는 여자가 한 문장을 이야기합니다. 그러나 앞의 유형과는 달리 의문문이 아닌 평서문으로 이야기하거나 종종 의문사가 없는 의문문으로 이야기를 하기 때문에 대화의 상황과 맥락을 잘 파악하고 적절한 문장을 답으로 선택해야 합니다.

※ 다음을 듣고 이어지는 말을 고르십시오. 제47회 5번 기출문제 　　🎧 Track 1-5

> 여자: 처음 뵙겠습니다.
> 남자: _____

① 잘 먹겠습니다. 　　　　　　　② 잘 지냈습니다.
③ 정말 오랜만입니다. 　　　　　④ 만나서 반갑습니다.

해설

○ ④

'처음 뵙겠습니다.'는 첫 만남에서 하는 인사입니다. 상대방은 '처음 뵙겠습니다.', '반갑습니다.', '만나서 반갑습니다.' 등으로 대답하면 됩니다. ①번은 음식을 대접해 준 사람에게 고마운 마음을 표현하는 말이고, ②번과 ③번은 이미 만난 적이 있는 사람과 오랜만에 만났을 때 나누는 인사입니다.

머리에 쏙!

상황	A	B
감사	고마워요. / 고맙습니다. 감사해요. / 감사합니다.	아니에요. / 아닙니다. 별말씀을요.
부탁	부탁해요. / 부탁합니다. / 부탁 드립니다. / 부탁이 있습니다. -해 주세요. / -아/어 주세요.	네, 알겠어요. / 네, 알겠습니다. 네, 말씀하세요.
사과	미안해요. / 미안합니다. 죄송해요. / 죄송합니다.	괜찮아요. / 괜찮습니다. 아니에요. / 아닙니다.
인사	안녕하세요. 반가워요. / 반갑습니다. 처음 뵙겠습니다. 어서 오세요.	안녕하세요. 만나서 반갑습니다.
	저 갈게요. 안녕히 계세요. 안녕히 가세요. 다음에 또 오세요.	잘 가요. 안녕히 가세요. 안녕히 계세요. 다음에 봐요.
	다녀오겠습니다. 잘 자요. / 안녕히 주무세요. 맛있게 드세요. 축하합니다.	잘 다녀오세요. 잘 자요. / 안녕히 주무세요. 잘 먹겠습니다. 감사합니다.
전화	여보세요. ○○ 씨 집(사무실)이지요? ○○ 씨 있나요?	여보세요. 네, 맞는데요. / 네, 그런데요. 네, 전데요. 아니요, 잘못 거셨습니다. 아니요, 지금 집(사무실)에 없어요.

※ 다음을 듣고 이어지는 말을 고르십시오.

1 [제64회 6번 기출문제]
① 미안해요.   ② 아니에요.
③ 부탁해요.   ④ 좋겠어요.

2 ① 아니에요.   ② 잘 다녀오세요.
③ 안녕히 계세요.   ④ 그렇게 하세요.

3 ① 괜찮아요.   ② 죄송해요.
③ 부탁해요.   ④ 안녕히 가세요.

4 ① 그렇습니다.   ② 고맙습니다.
③ 잘 알겠습니다.   ④ 만나서 반갑습니다.

5 ① 글쎄요.   ② 괜찮아요.
③ 네, 부탁합니다.   ④ 네, 잠시만 기다리세요.

유형 2 대화 장소 고르기

> '대화 장소 고르기' 유형은 남자와 여자의 짧은 대화를 듣고, 대화가 진행되고 있는 장소를 고르는 문제입니다. 대화에 등장하는 핵심 단어와 대화를 하고 있는 남자와 여자의 관계를 파악하며 주의 깊게 듣고 답을 고릅니다.

※ 여기는 어디입니까? 알맞은 것을 고르십시오. 제64회 8번 기출문제 ∩ Track 2-1

> 남자: 어서 오세요, 손님. 어디까지 가세요?
> 여자: 한국대학교로 가 주세요.

① 공항 ② 택시 ③ 우체국 ④ 백화점

 해설

➡ ②

택시 기사(남자)와 손님(여자)이 택시 안에서 나누는 대화입니다. 남자가 '손님. 어디까지 가세요?'라고 목적지를 물었고, 여자가 장소 이름과 함께 '~(으)로 가 주세요.'라고 말했습니다. '~(으)로 가 주세요.'는 택시에서 손님이 기사에게 이동을 부탁할 때 사용하는 표현입니다.

장소	관련 단어
공항	비행기, 표, 티켓, 항공권, 짐, 여권, 출발, 도착, 출국, 입국, 국내선, 국제선
극장	영화, 뮤지컬, 연극, 표, 매표소, 예매, 좌석, 배우, 관객
병원	의사, 간호사, 환자, 입원, 퇴원, 병문안, 치료, 주사, 약, 감기, 두통, 치과, 내과, 정형외과, 안과, 피부과
우체국	편지, 소포, 택배, 우표, 주소, 도착
은행	돈, 통장, 저금, 환전, 입금, 출금, 송금, 신분증, 카드
학교/교실	선생님, 교사, 교수, 학생, 학기, 학년, 수업, 숙제, 시험, 공부, 입학, 졸업, 출석, 결석

유형 2

유형 연습 🎧 Track 2-2

※ 여기는 어디입니까? 알맞은 것을 고르십시오.

1 제64회 9번 기출문제
① 호텔   ② 회사
③ 극장   ④ 빵집

2 ① 시장   ② 학교
③ 도서관   ④ 박물관

3 ① 은행   ② 가게
③ 우체국   ④ 터미널

4 ① 공항   ② 여행사
③ 기차역   ④ 놀이공원

5 ① 회사   ② 교실
③ 사진관   ④ 미용실

유형 3 대화 소재 고르기

 '대화 소재 고르기' 유형은 대화의 소재가 무엇인지 고르는 문제입니다. 남자와 여자의 이야기에 대화 소재가 각각 등장합니다. 유형 3 연습을 위해서는 자주 등장하는 주제와 관련 단어를 함께 공부하는 것이 좋습니다.

※ 다음은 무엇에 대해 말하고 있습니까? 알맞은 것을 고르십시오. 제83회 14번 기출문제

🎧 Track 3-1

> 여자: 그 가방 좋네요. 비싼 거예요?
> 남자: 아니요. 비싸지 않아요. 이만 원이에요.

① 값   ② 맛   ③ 위치   ④ 계절

 해설

◯ ①

'싸다', '비싸다', '원'은 물건의 값(가격)에 대한 표현입니다.

유형 3

유형 연습 🎧 Track 3-2

※ 다음은 무엇에 대해 말하고 있습니까? 알맞은 것을 고르십시오.

1　제60회 14번 기출문제

① 건강　　　　　　　② 직업
③ 고향　　　　　　　④ 교통

2　① 이름　　　　　　　② 가족
③ 휴일　　　　　　　④ 직업

3　① 날짜　　　　　　　② 계절
③ 날씨　　　　　　　④ 하루

4　① 선물　　　　　　　② 학교
③ 공부　　　　　　　④ 사진

5　① 약속　　　　　　　② 취미
③ 계획　　　　　　　④ 방학

'알맞은 그림 고르기' 유형은 대화를 잘 듣고 대화 상황과 같은 그림을 고르는 문제입니다. 이 유형에서는 대화 속의 남자와 여자의 관계를 파악하는 것이 중요합니다. 또한 대화 장소가 어디인지, 남자와 여자가 각각 어떤 행동을 하고 있는지 잘 듣고 답을 골라야 합니다. 네 개의 그림 안에는 종종 같은 물건이 그려져 있기 때문에 단어만 듣고 문제를 골라서 실수하는 일이 없도록 해야 합니다.

※ 다음을 듣고 가장 알맞은 그림을 고르십시오. 제60회 15번 기출문제 🎧 Track 4-1

> 여자: 이 수박 얼마예요?
>
> 남자: 만 원이에요. 하나 드릴까요?

①

②

③

④

▶ ②

대화의 장소는 과일 가게입니다. 여자가 남자에게 수박의 가격을 묻는 상황이므로 과일 가게 주인과 여자가 대화를 나누는 그림(②번, ③번) 중에서 답을 골라야 합니다. 남자가 가격을 말한 뒤 '하나 드릴까요?'라고 했으므로 여자가 수박을 이미 들고 있는 ③번은 답이 될 수 없습니다.

머리에 쏙!

'이, 그, 저'는 대화에 나오는 물건의 위치를 알려 주는 중요한 힌트입니다.

'이, 그, 저' 다음에는 명사가 옵니다.

유형 연습 🎧 Track 4-2

※ 다음을 듣고 가장 알맞은 그림을 고르십시오.

1 제41회 15번 기출문제

①

②

③

④

2

①

②

③

④

3

①

②

③

④

4

①

②

③

④

①

②

③

④

유형 5 중심 내용 파악하기

 '중심 내용 파악하기' 유형에서는 앞의 대화에 비해 조금 더 긴 발화가 제시됩니다. 세부적인 내용에 집중해 하나하나 확인하기보다는 전체 내용을 파악하여 선택지를 골라야 합니다.

5-1 이야기의 목적 파악하기

이야기의 목적 또는 이유가 무엇인지 고르는 문제입니다. 주로 안내 방송을 들려 줍니다. 회사, 학교, 박물관 등과 같은 공공 기관, 기숙사나 아파트, 백화점, 버스나 지하철, 기차 등의 대중교통과 같이 여러 사람이 함께 이용하는 공간이 배경으로 등장합니다. 먼저, 안내 방송을 하는 곳이 어디인지를 파악하고, 왜 안내 방송을 하는지에 집중하며 방송을 듣습니다. 이야기의 주제를 한 문장으로 요약한다는 생각으로 선택지에 접근하면 알맞은 답을 고를 수 있습니다.

※ 다음을 듣고 물음에 답하십시오. 제64회 25번 기출문제 　🎧 Track 5-1

여자가 왜 이 이야기를 하고 있는지 고르십시오.

> 여자: (딩동댕) 잠시 안내 말씀 드립니다. 다음 달에 열리는 '회사 사랑 걷기 대회'의 참가 신청이 이번 주 금요일까지입니다. 그런데 아직 신청을 하신 분이 많지 않습니다. 올해는 특히 많은 선물이 준비되어 있으니 많이 참가해 주시기 바랍니다. 자세한 내용은 홈페이지를 확인해 주세요. (댕동딩)

① 신청을 더 받으려고　　　　② 신청 방법이 바뀌어서
③ 대회 내용을 설명하려고　　④ 대회 날짜를 알려 주려고

◐ ①

'회사 사랑 걷기 대회' 신청자가 많지 않아서 참가 신청을 더 받기 위해 대회를 홍보하는 방송입니다. 신청자를 더 모으기 위해 신청 마감 날짜를 다시 안내하고 선물이 많이 준비되어 있다고 홍보하고 있습니다.

 **유형 연습** 🎧 Track 5-2

※ 다음을 듣고 물음에 답하십시오.

여자가 왜 이 이야기를 하고 있는지 고르십시오.

1 제60회 25번 기출문제
① 신청 방법을 말해 주려고
② 행사 장소를 알려 주려고
③ 행사 날짜를 정하고 싶어서
④ 더 많은 신청을 받고 싶어서

2 ① 주차장 청소 방법을 설명하려고
② 주차장 위치 변경을 안내하려고
③ 주차장 청소 계획을 알려 주려고
④ 주차장 이용 규칙을 말해 주려고

3 ① 분실물에 대해 안내하려고
② 경비실 위치를 알려 주려고
③ 휴대폰의 디자인을 소개하려고
④ 분실물 보관 규칙을 설명하려고

4 ① 기차 요금을 안내하려고
② 여행 상품을 홍보하려고
③ 기차 이용 방법을 설명하려고
④ 여행지 일출 시간을 알려 주려고

5 ① 폭설의 피해를 설명하려고
② 탑승 시간 변경을 안내하려고
③ 문제 발생 원인을 설명하려고
④ 변경된 탑승 장소를 알려 주려고

5-2 이야기의 주제 파악하기

이야기의 주제를 고르는 문제입니다. 앞의 '유형 5-1 이야기의 목적 파악하기' 유형과 마찬가지로 대화의 제목을 정한다는 생각으로 접근하여 중심 내용을 파악합니다.

※ **다음을 듣고 물음에 답하십시오.** 제52회 27번 기출문제　　　🎧 Track 5-3

두 사람이 무엇에 대해 이야기를 하고 있는지 고르십시오.

> 여자: 네, 인주 서비스 센터입니다. 무엇을 도와 드릴까요?
> 남자: 새로 산 텔레비전이 갑자기 소리가 안 나와요.
> 여자: 그럼 텔레비전을 한번 꺼 보세요. 그리고 잠시 후에 다시 켜 보세요.
> 남자: 그렇게 해 봤는데 안 돼요. 오늘 고칠 수 있을까요?
> 여자: 오늘은 늦어서 어렵고요. 내일 오전에 직원이 연락 드리고 고치러 갈 겁니다.
> 남자: 네, 알겠습니다.

① 고장 난 텔레비전
② 사고 싶은 텔레비전
③ 서비스 센터 연락 방법
④ 서비스 센터 이용 시간

▶ ①

대화 속 여자는 서비스 센터 직원(상담원)이고 남자는 고객입니다. 남자가 최근에 새로 산 텔레비전에 대해 이야기하고 있습니다. 텔레비전에 문제가 있어서 여자가 해결 방법을 이야기했지만 해결이 되지 않았습니다. 결국 다음날 오전으로 수리 예약을 하고 통화를 마무리한 상황입니다. '소리가 안 나와요.', '고칠 수 있을까요?' 등의 표현을 통해 텔레비전이 고장났음을 알 수 있으므로 ①번이 답입니다.

 🎧 Track 5-4

※ 다음을 듣고 물음에 답하십시오.

두 사람이 무엇에 대해 이야기를 하고 있는지 고르십시오.

1 제41회 27번 기출문제
① 선물을 사는 장소　　　　② 선물을 교환하는 방법
③ 선물을 주고 싶은 사람　　④ 선물을 교환할 수 있는 기간

2 ① 용돈을 받는 방법　　　　② 용돈을 모으는 방법
③ 용돈을 계산하는 방법　　④ 용돈을 관리하는 방법

3 ① 아버지의 취미　　　　　② 가족 휴가 계획
③ 아버지의 생신 선물　　　④ 등산 용품 구입 방법

4 ① 휴가 때 갈 여행지　　　② 전통차 마시는 방법
③ 휴가 때 하고 싶은 일　　④ 옛날 물건을 사는 장소

5 ① 면접에서 할 말　　　　　② 면접을 보는 이유
③ 정장을 고르는 방법　　　④ 면접 상황에 맞는 옷차림

5-3 화자의 중심 생각 파악하기

여자와 남자의 짧은 대화를 들려 주고 여자의 중심 생각을 묻는 문제입니다. 말하는 사람의 의도, 하고 싶은 말이 무엇인지 파악할 수 있어야 합니다. 여자 또는 남자의 마지막 말이 중요한 힌트가 될 수 있으므로 끝까지 주의하며 들어야 합니다. 종종 간접 표현의 의미를 제대로 파악할 수 있는지 확인하는 문제가 나오므로 일상 대화에서 생략이나 간접 표현의 속뜻을 파악하는 연습도 중요합니다.

※ **다음을 듣고 여자의 중심 생각을 고르십시오.** 제41회 22번 기출문제 🎧 Track 5-5

> 남자: 저기 좀 보세요. 우리 동네에도 자전거 도로가 생겼어요.
> 여자: 그렇네요. 도로에서 자전거를 탈 때마다 위험했는데 잘됐네요.
> 남자: 그런데 신문에서 보니까 자전거 도로에서도 사고가 많이 나는 것 같아요.
> 여자: 그래요? 그렇지만 자전거 도로가 생겨서 더 안전하게 탈 수 있을 것 같은데요.

① 동네에서 자전거를 타면 안 됩니다.
② 많은 사람들이 자전거를 타야 합니다.
③ 안전한 자전거 도로가 생겨서 좋습니다.
④ 자전거 도로에서도 사고가 날 수 있습니다.

해설

▶ ③

남자와 여자가 동네에 새로 생긴 자전거 도로에 대해 이야기하고 있습니다. 여자의 생각은 '도로에서 자전거를 탈 때 위험했는데 안전한 자전거 도로가 생겨서 좋다.'입니다.

 **Track 5-6**

※ 다음을 듣고 <u>여자</u>의 중심 생각을 고르십시오.

1 제64회 22번 기출문제
① 재미있는 영화를 보고 싶습니다.
② 영화는 여러 번 봐도 재미있습니다.
③ 이 영화는 많은 사람이 봐야 합니다.
④ 이 영화는 영화관에서 보는 게 좋습니다.

2 ① 계획한 일을 먼저 해야 합니다.
② 세일하는 상품은 빨리 사야 합니다.
③ 세일하는 상품은 좋지 않은 상품입니다.
④ 시간이 없으니 계획한 일만 해야 합니다.

3 ① 출근을 늦게 하게 되어 힘듭니다.
② 출근을 늦게 하게 되어 좋습니다.
③ 출근을 늦게 하면 일이 늦게 끝납니다.
④ 출근을 늦게 하면 집중할 수 있습니다.

4 ① 책을 읽으면 지루합니다.
② 약속은 무조건 잘 지켜야 합니다.
③ 도로 공사를 해서 기분이 나쁩니다.
④ 사정이 있어서 늦으면 이해할 수 있습니다.

5 ① 인터넷 쇼핑은 위험합니다.
② 인터넷 쇼핑은 싸고 편리해서 좋습니다.
③ 물건을 살 때에는 직접 보고 사야 합니다.
④ 백화점에서 물건을 사면 믿을 수 있습니다.

유형 ❻ 세부 내용 파악하기

 대화에 제시된 내용과 같은 것을 고르는 문제로, 대화 내용을 꼼꼼히 듣고 같은 것을 골라야 합니다. 4개의 선택지에 제시되는 행동이 남자의 행동인지 여자의 행동인지 주의 깊게 듣고 답을 고릅니다. 들은 내용과 다른 보기를 하나씩 지워 가며 문제를 푸는 것도 좋은 방법입니다.

6-1 짧은 대화를 듣고 세부 내용 파악하기

※ 다음을 듣고 대화 내용과 같은 것을 고르십시오. 제83회 18번 기출문제 🎧 Track 6-1

> 남자: 와, 김치찌개 맛있겠네요.
> 여자: 그래요? 우리 어머니한테 배웠는데 괜찮아요?
> 남자: 네, 맛있어요. 저는 요리 잘 못하는데…….
> 여자: 저도 아직 잘 못해서 어머니한테 가끔 배워요.

① 남자는 요리를 아주 잘합니다.
② 남자는 지금 김치찌개를 만듭니다.
③ 여자는 어머니에게서 요리를 배웁니다.
④ 여자는 어머니와 요리를 하고 있습니다.

 해설

➡ ③
① 남자는 '저는 요리 잘 못하는데…….'라고 하였으므로 답이 아닙니다.
② 남자는 지금 김치찌개를 만드는 것이 아니라 먹고 있으므로 답이 아닙니다.
③ 여자는 요리를 '어머니한테 가끔 배워요.'라고 하였으므로 정답입니다.
④ 여자는 지금 어머니와 있지 않고 남자와 대화하고 있으므로 답이 아닙니다.

※ 다음을 듣고 대화 내용과 같은 것을 고르십시오.

1 제64회 21번 기출문제

① 여자는 남자와 같은 일을 합니다.
② 여자는 박물관에서 일하고 있습니다.
③ 남자는 박물관에서 일을 해 봤습니다.
④ 남자는 아르바이트를 안 하려고 합니다.

2 ① 남자는 운전을 좋아합니다.
② 남자는 식당 음식을 좋아합니다.
③ 남자는 지금 배가 고프지 않습니다.
④ 남자는 집에 가서 밥을 먹고 싶어 합니다.

3 ① 여자는 기차역에 늦게 도착했습니다.
② 여자는 다음 기차를 기다리고 있습니다.
③ 여자는 사람들과 기차에 먼저 탈 겁니다.
④ 여자는 남자와 함께 다음 기차를 기다리려고 합니다.

4 ① 남자는 연극을 좋아합니다.
② 남자는 일요일에 영화를 보러 갈 겁니다.
③ 남자와 여자는 여행지에서 처음 만났습니다.
④ 남자와 여자는 연극을 보고 저녁을 먹을 겁니다.

5 ① 여자는 편의점에 있습니다.
② 약국은 백화점 옆에 있습니다.
③ 남자는 편의점에 갈 것입니다.
④ 남자는 백화점을 찾고 있습니다.

6-2 긴 대화를 듣고 세부 내용 파악하기

※ 다음을 듣고 물음에 답하십시오. 제60회 28번 기출문제 🎧 Track 6-3

들은 내용과 같은 것을 고르십시오.

> 남자: 나도 운동 좀 해야 하는데……. 수미 씨는 요즘 무슨 운동 하세요?
> 여자: 저는 인터넷으로 요가 수업을 듣고 있는데, 생각보다 괜찮아요.
> 남자: 아, 인터넷으로 운동을 하면 집에서 할 수 있으니까 좋겠네요.
> 여자: 네. 그리고 어려우면 화면을 멈추고 자세히 볼 수 있어서 좋아요.
> 남자: 필요하면 다시 봐도 되고요.
> 여자: 맞아요. 또 시간이 없으면 밤늦게 하거나 아침 일찍 해도 돼요.

① 여자는 요가를 배우고 있습니다.
② 남자는 운동을 열심히 하고 있습니다.
③ 여자는 남자와 같이 운동을 할 겁니다.
④ 남자는 여자에게 운동을 소개했습니다.

▶ ①

① 여자는 인터넷 수업으로 요가를 배우고 있으므로 정답입니다.
② 남자가 '운동 좀 해야 하는데……'라며 대화를 시작하고 있습니다. 남자는 운동을 하지 않고 있으므로 정답이 아닙니다.
③ 여자는 집에서 혼자 요가를 하고 있습니다. 남자에게도 같은 방법을 추천하고 있고 함께 운동할 계획을 세우지는 않았으므로 정답이 아닙니다.
④ 여자가 남자에게 운동을 소개하고 있으므로 정답이 아닙니다.

※ 다음을 듣고 물음에 답하십시오.

들은 내용과 같은 것을 고르십시오.

1 제64회 30번 기출문제

① 남자는 요즘 주로 산을 그립니다.
② 남자는 어릴 때부터 그림을 배웠습니다.
③ 남자는 그림 전시회를 한 적이 있습니다.
④ 남자는 다른 사람과 함께 전시회를 합니다.

2 ① 남자는 회색 서류 가방을 샀습니다.
② 남자는 인터넷으로 가방을 주문했습니다.
③ 남자는 가방의 모양이 마음에 들지 않습니다.
④ 남자는 가방을 찾으러 가게에 다시 갈 겁니다.

3 ① 여자는 공항에 가는 길을 알지 못합니다.
② 여자의 동생은 방학마다 한국에 놀러 옵니다.
③ 여자는 비행기 시간과 동생 이름을 알려 줄 겁니다.
④ 여자와 남자는 내일 공항에 가서 동생을 만날 겁니다.

4 ① 여자는 일이 많아서 감기에 걸렸습니다.
② 여자는 어젯밤부터 몸이 좋지 않습니다.
③ 여자는 퇴근 후 약국에 가서 약을 살 겁니다.
④ 여자는 어제 병원에 가서 치료를 받았습니다.

5 ① 남자는 피아노 선생님입니다.
② 남자는 기초반 수업을 듣고 싶어 합니다.
③ 남자는 다음 주부터 중급반 수업을 듣습니다.
④ 남자는 어릴 때 피아노를 배운 적이 있습니다.

TOPIK I 듣기 (1번~ 20번) 🎧 Track 7

※ [1~4] 다음을 듣고 〈보기〉와 같이 물음에 맞는 대답을 고르십시오.

보기

가: 공부를 해요?

나: _____

❶ 네, 공부를 해요.　　　　　② 아니요, 공부예요.

③ 네, 공부가 아니에요.　　　④ 아니요, 공부를 좋아해요.

1.　① 네, 형이에요.　　　　　② 아니요, 형이 싫어요.

　　③ 네, 형이 많아요.　　　　④ 아니요, 형이 없어요.

2.　① 네, 수영이에요.　　　　② 아니요, 수영을 못 해요.

　　③ 네, 수영을 알아요.　　　④ 아니요, 수영이 아니에요.

3.　① 오른쪽으로 가요.　　　② 버스를 타고 가요.

　　③ 친구와 같이 가요.　　　④ 수업이 끝나고 가요.

4.　① 주말에 갔어요.　　　　② 걸어서 갔어요.

　　③ 어머니와 갔어요.　　　④ 옷을 사러 갔어요.

※ [5~6] 다음을 듣고 〈보기〉와 같이 이어지는 말을 고르십시오.

보기

가: 늦어서 미안해요.

나: _____

① 고마워요.   ❷ 아니에요.

③ 죄송해요.   ④ 부탁해요.

5.   ① 반갑습니다.   ② 별말씀을요.

      ③ 죄송합니다.   ④ 잘 부탁해요.

6.   ① 네, 미안합니다.   ② 네, 부탁합니다.

      ③ 네, 잘 먹겠습니다.   ④ 네, 여기 있습니다.

※ [7~8] 여기는 어디입니까? 〈보기〉와 같이 알맞은 것을 고르십시오.

가: 어서 오세요.

나: 여기 수박 있어요?

① 학교   ② 약국   ❸ 시장   ④ 서점

7.   ① 공항   ② 병원   ③ 빵집   ④ 호텔

8.   ① 미술관   ② 백화점   ③ 옷가게   ④ 사진관

※ [9~10] 다음은 무엇에 대해 말하고 있습니까? 〈보기〉와 같이 알맞은 것을 고르십시오.

가: 누구예요?

나: 이 사람은 형이고, 이 사람은 동생이에요.

❶ 가족   ② 이름   ③ 선생님   ④ 부모님

9.   ① 친구   ② 계절   ③ 방학   ④ 여행

10.   ① 집   ② 회사   ③ 교통   ④ 시간

※ [11~12] 다음 듣고 가장 알맞은 그림을 고르십시오.

11.
① 　②
③ 　④

12.
① 　②
③ 　④

※ [13~14] 다음을 듣고 〈보기〉와 같이 대화 내용과 같은 것을 고르십시오.

보기

남자: 요즘 한국어를 공부해요?

여자: 네, 한국 친구한테서 한국어를 배워요.

① 남자는 학생입니다.　　　　　　② 여자는 학교에 다닙니다.

③ 남자는 한국어를 가르칩니다.　　❹ 여자는 한국어를 공부합니다.

13.　① 여자는 남자의 반 학생입니다.

　　② 여자는 학생의 이름을 모릅니다.

　　③ 남자는 학생에게 전화를 걸 것입니다.

　　④ 남자는 학생의 전화를 직접 받았습니다.

14.　① 남자는 커피를 싫어합니다.

　　② 남자는 여자의 일을 도와주었습니다.

　　③ 식사 후 여자는 남자에게 커피를 살 겁니다.

　　④ 두 사람은 오늘 저녁에 함께 식사를 할 겁니다.

※ [15~16] 다음을 듣고 <u>여자</u>의 중심 생각을 고르십시오.

15. ① 수학 학원에 가면 성적이 오를 것입니다.

② 수업 시간에 열심히 하면 성적이 오를 것입니다.

③ 수업 시간에 수학 공부를 열심히 하면 졸립니다.

④ 밤늦게까지 공부를 하면 수학을 잘할 수 있습니다.

16. ① 우유를 필요한 만큼만 사야 합니다.

② 가격이 비싼 우유가 더 맛있습니다.

③ 많은 양을 저렴한 가격에 사면 좋습니다.

④ 무조건 저렴한 가격의 우유를 사야 합니다.

※ [17~18] 다음을 듣고 물음에 답하십시오.

17. 여자가 왜 이 이야기를 하고 있는지 고르십시오.

① 감사하는 마음을 전달하려고

② 버스 이용 예절을 알려 주려고

③ 정류장 이용 방법을 설명하려고

④ 대학교의 안전 규칙을 설명하려고

18. 들은 내용과 같은 것을 고르십시오.

① 여자는 버스를 운전하는 기사입니다.

② 버스 안에서 간단한 음식은 먹어도 됩니다.

③ 한국대학교에 갈 사람은 이번 정류장에 내려야 합니다.

④ 버스에서 전화 통화를 할 때는 이어폰을 사용해야 합니다.

※ [19~20] 다음을 듣고 물음에 답하십시오.

19. 두 사람이 무엇에 대해 이야기를 하고 있는지 고르십시오.
    ① 컴퓨터 사용 기간
    ② 컴퓨터를 고치는 방법
    ③ 컴퓨터 전원을 켜는 방법
    ④ 컴퓨터가 켜지지 않는 이유

20. 들은 내용과 같은 것을 고르십시오.
    ① 남자는 컴퓨터를 고쳤습니다.
    ② 남자는 새 컴퓨터를 살 것입니다.
    ③ 남자는 컴퓨터에 커피를 쏟았습니다.
    ④ 남자는 컴퓨터 전원을 켜는 방법을 모릅니다.

듣기 영역에서 좋은 점수를 얻기 위해서는 대화의 전체 상황을 먼저 파악한 후 세부 내용을 찾아야 합니다. 대화를 듣기 전에 주어진 질문이나 그림 등을 먼저 보고 상황을 추측해 보는 것이 도움이 될 수 있습니다.

아래의 질문들을 기억하면서 대화를 들어 보세요. 대화를 듣고 난 후에는 대화를 읽으며 질문들의 답을 찾아 밑줄을 그어 보세요. 그리고 마지막으로 대화를 다시 들어 보세요. 듣기와 읽기를 함께 하는 훈련은 대화의 핵심 내용을 쉽게 파악하는 데 도움을 줄 수 있습니다.

- ✦ 무엇에 대하여 이야기를 합니까?
- ✦ 이야기를 하는 장소는 어디입니까?
- ✦ 남자와 여자는 누구입니까? 두 사람은 어떤 관계입니까?
- ✦ 남자 또는 여자는 대화가 끝난 후에 무엇을 할 것입니까?
- ✦ 남자 또는 여자의 중심 생각은 무엇입니까?

CHAPTER. 1
유형 학습

① 듣기 영역

☑ ② 읽기 영역

유형 학습 전략

TOPIK I 읽기 영역에서는 간단한 실용문과 생활문을 읽고 내용을 이해할 수 있는지를 평가합니다. 지문의 내용은 가족, 학교/직장 생활, 건강, 교육 등과 관련되어 있습니다. 총 60분 동안 40문제를 풀어야 합니다.

문제 유형

유형 1 **이야기의 소재 고르기**

유형 2 **문맥에 알맞은 표현 고르기**

2-1. 짧은 글을 읽고 알맞은 표현 고르기
2-2. 긴 글을 읽고 알맞은 표현 고르기

유형 3 **세부 내용 파악하기**

3-1. 실용문의 내용 파악하기
3-2. 서술문의 내용 파악하기

유형 4 **중심 내용 파악하기**

4-1. 글의 목적 파악하기
4-2. 글의 주제 파악하기
4-3. 글쓴이의 중심 내용 파악하기

유형 5 **문장의 관계 파악하기**

5-1. 문장 순서 정하기
5-2. 문장이 들어갈 곳 고르기

유형 ❶ 이야기의 소재 고르기

두 문장이 공통으로 이야기하는 소재를 고르는 문제입니다. 각각의 문장에는 더 큰 개념으로 묶을 수 있는 단어가 제시됩니다. 평소 관계있는 단어들을 함께 공부하면 문제를 푸는 데 도움이 됩니다.

※ 무엇에 대한 내용입니까? 알맞은 것을 고르십시오. [제60회 31번 기출문제]

> 저는 일본에서 왔습니다. 친구는 미국에서 왔습니다.

① 음식　　　　② 나라　　　　③ 요리　　　　④ 선물

해설

➡️ ②

'일본'과 '미국'은 '나라'와 관계있는 단어입니다.

 머리에 쏙!

가족	아버지, 어머니, 형, 남동생, 언니, 여동생, 오빠, 여동생 / 누나, 남동생
	↳부모　　↳형제　　↳자매　　　　↳남매
과일	사과, 배, 포도, 감, 딸기, 바나나, 오렌지, 참외, 익다, 신선하다
날씨	눈, 비, 바람, 덥다, 선선하다, 쌀쌀하다, 춥다
요일	월요일, 화요일, 수요일, 목요일, 금요일, 토요일, 일요일
	↳평일　　　　　　↳주말
취미	독서, 음악 듣기, 노래 부르기, 컴퓨터 게임하기, 영화 보기, 여행하기
학교	선생님, 학생, 교과서, 교실, 공부, 칠판, 입학, 졸업

※ 무엇에 대한 내용입니까? 알맞은 것을 고르십시오

1 제64회 33번 기출문제

저는 바지를 좋아합니다. 치마는 안 입습니다.

① 옷   ② 값   ③ 일   ④ 집

2 공윤진 씨는 간호사입니다. 하정은 씨는 회사원입니다.

① 가족   ② 친구   ③ 직업   ④ 취미

3 지금은 저녁입니다. 7시입니다.

① 시간   ② 생일   ③ 장소   ④ 휴일

4 사과를 샀습니다. 사과가 잘 익었습니다.

① 가게   ② 과일   ③ 요리   ④ 식사

5 저는 스무 살입니다. 형은 저보다 세 살 더 많습니다.

① 계절   ② 사람   ③ 날짜   ④ 나이

유형 ② 문맥에 알맞은 표현 고르기

2-1 짧은 글을 읽고 알맞은 표현 고르기

보기 중에서 (　　) 안에 들어갈 알맞은 표현을 찾아 문장을 완성하는 문제입니다. 주로 두 문장이 제시되며, 중요한 단어를 찾고 그 단어와 가장 관계있는 단어를 찾아야 합니다. (　　) 안에는 조사(postposition)와 명사(noun), 동사(verb)와 형용사(adjective), 부사(adverb)가 들어갑니다.

※ (　　)에 들어갈 말로 가장 알맞은 것을 고르십시오.　제60회 36번 기출문제

저는 의사입니다. 수진 씨(　　) 의사입니다.

① 만　　　　　　② 에　　　　　　③ 를　　　　　　④ 도

● ④
'저'와 '수진 씨'는 모두 의사입니다. '도'는 어떤 것에 더함을 나타낼 때 사용합니다.

대상을 나타내는 조사

1 에게, 한테

윤하**에게** 꽃을 줍니다.
윤하**한테** 꽃을 줍니다.

2 와/과, 하고, (이)랑

윤하**와** 꽃을 봅니다.
윤하**하고** 꽃을 봅니다.
윤하**랑** 꽃을 봅니다.

시간을 나타내는 조사

1 부터, 에, 까지

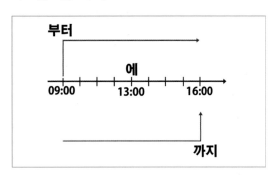

은행은 오전 9시**부터** 오후 4시**까지** 합니다.
오후 1시**에** 은행에 갑니다.

장소를 나타내는 조사

1 에서, 을/를, 까지

서울**에서** 부산**까지** 5시간 걸립니다.
대전**을** 지나갑니다.

2 에서

공원**에서** 운동을 합니다.

3 에

친구와 공원**에** 갑니다.
병원은 공원 옆**에** 있습니다.

4 에, 에서

방**에** 텔레비전이 있습니다.
방**에서** 텔레비전을 봅니다.

나머지 조사

1 하고, 와/과

책<u>하고</u> 연필이 있습니다.
책<u>과</u> 연필이 있습니다.

2 도

책이 있습니다. 연필<u>도</u> 있습니다.

3 보다

민수는 현주**보다** 노래를 잘 부릅니다.

4 처럼

민수는 가수**처럼** 노래를 잘 부릅니다.

유형 연습

※ (　　) 에 들어갈 말로 가장 알맞은 것을 고르십시오.

1 제60회 38번 기출문제

> 시험이 (　　　　). 그래서 시험을 잘 봤습니다.

① 작았습니다　　　　② 쉬웠습니다　　　　③ 나빴습니다　　　　④ 재미없었습니다

2

> 오늘은 한국어 수업이 있습니다. 10시(　　　　) 학교에 갑니다.

① 까지　　　　②부터　　　　③ 에게　　　　④에서

3

> 저는 (　　　　)입니다. 음악을 가르칩니다.

① 변호사　　　　② 회사원　　　　③ 선생님　　　　④ 가수

4

> 민수는 (　　　　) 늦잠을 잡니다. 그래서 지각을 많이 합니다.

① 더욱　　　　② 다시　　　　③ 전혀　　　　④ 자주

5

> 우체국에 갑니다. 편지를 (　　　　).

① 보냅니다　　　　② 남깁니다　　　　③ 붙입니다　　　　④ 신습니다

2-2 긴 글을 읽고 알맞은 표현 고르기

( ) 안에 들어갈 알맞은 표현을 찾아 문장을 완성하는 문제입니다. 그러나 앞의 유형보다 더 많은 문장(4∼6문장)이 제시되기 때문에 문장의 관계와 글의 전체 내용을 이해하는 것이 중요합니다. 또 어미(ending)와 접속 부사(conjunctive adverb)를 알아 두는 것도 중요합니다.

※ **다음을 읽고 물음에 답하십시오.** 제60회 51번 기출문제

㉠에 들어갈 말로 가장 알맞은 것을 고르십시오.

> 한국음악 박물관으로 오십시오. 한국음악 박물관에서는 한국의 옛날 악기를 보고 악기 소리를 들을 수 있습니다. (㉠) 사진을 보면서 한국음악의 역사에 대해서 알 수 있습니다. 주말에는 다양한 음악 공연을 볼 수 있습니다. 기념품을 살 수 있는 가게도 있습니다.

① 그리고   ② 그래서
③ 그러면   ④ 그러나

● ①

'그리고'는 앞의 내용과 뒤의 내용을 나란히 연결할 때 사용하는 단어입니다. (㉠)의 앞과 뒤 문장에서 모두 한국음악 박물관에서 할 수 있는 일에 대해 이야기하고 있으므로 '그리고'를 사용해야 합니다.

연결 어미

1 –고

저녁에는 책을 읽고, 음악을 듣습니다.

2 –거나

저녁에는 책을 읽**거나** 음악을 듣습니다.

3 –(으)면서

저녁에는 책을 읽**으면서** 음악을 듣습니다.

4 –아/어서, –(으)니까

배가 아파**서** 병원에 갑니다.
배가 아프**니까** 병원에 갑니다.

5 –(으)면

술을 많이 마시**면** 건강에 안 좋습니다.

6 –지만

이 글은 짧**지만** 어렵습니다.

7 –(으)려고

부모님께 드리**려고** 꽃을 샀습니다.

※ 다음을 읽고 물음에 답하십시오.

㉠에 들어갈 말로 가장 알맞은 것을 고르십시오.

1 제60회 55번 기출문제

> 이제 낚시를 하기 위해서 멀리 가지 않아도 됩니다. 도시에서 (㉠) 수 있는 '낚시 카페'가 있습니다. 이곳에서는 낚시에 필요한 물건을 빌려 주고 낚시하는 방법을 가르쳐 줍니다. 물고기를 잡아서 바로 먹을 수 없지만 집으로 가지고 갈 수 있습니다.

① 물고기를 팔 ② 물고기를 먹을
③ 낚시 재료를 살 ④ 편하게 낚시를 할

2

> 다음 주 월요일에 수학 시험이 있습니다. 그 시험은 매우 어렵습니다. 혼자 시험 공부를 하면 모르는 것이 있어도 물어볼 곳이 없습니다. (㉠) 내일부터는 친구와 함께 도서관에서 공부하기로 했습니다. 친구도 저도 시험을 잘 보면 좋겠습니다.

① 그래서 ② 그러면 ③ 그리고 ④ 그렇지만

3

> 저는 음식 만드는 것을 좋아합니다. 그래서 맛있는 음식을 자주 만듭니다. 그리고 이웃이나 친구들과 함께 먹습니다. 사람들이 제가 만든 음식을 맛있게 먹으면 기분이 좋습니다. 음식을 먹으면서 사람들과 더 (㉠) 수 있습니다.

① 보낼 ② 멀어질 ③ 기다릴 ④ 친해질

4

저는 내일 고향인 태국으로 다시 돌아갑니다. 그래서 그동안 고마웠던 한국 친구들에게 편지를 썼습니다. 선생님께 (㉠) 선물도 준비했습니다. 태국에 가면 친구들과 선생님이 많이 보고 싶을 겁니다.

① 드리니까   ② 드리면서   ③ 드리려고   ④ 드리지만

5

개는 사람들에게 많은 도움을 줍니다. 냄새를 맡아 잃어버린 물건이나 위험한 물건을 찾아 주기도 합니다. 사람이 아무리 냄새를 잘 맡아도 개만큼 냄새를 맡을 수 없기 때문입니다. (㉠) 사람의 100만 배 이상입니다.

① 개가 물건을 찾는 능력은   ② 개가 냄새를 맡는 능력은
③ 사람이 물건을 찾는 능력은   ④ 사람이 냄새를 맡는 능력은

유형 ❸ 세부 내용 파악하기

지문을 꼼꼼하게 읽고 4개의 선택지 중에서 지문의 내용과 같은 것이나 다른 것을 고르는 유형입니다. 숫자를 읽을 수 있고, 뜻이 비슷한 다른 단어를 많이 알아야 합니다.

3-1 실용문의 내용 파악하기

광고 전단지, 문자 메시지, 약 봉투, 초대장 등 실제 생활에서 자주 볼 수 있는 다양한 종류의 글을 읽고 제시된 내용을 이해하는 문제입니다. 이러한 글에는 문장이 아닌 단어로만 필요한 정보가 제시되기도 합니다. 따라서 문제를 잘 풀기 위해서는 단어로 제시된 정보를 이해하여 문장으로 나타낼 수 있어야 합니다. 제시된 정보와 맞지 않는 것을 고르는 문제이므로 맞는 답을 고르는 실수를 하지 않도록 조심해야 합니다.

※ 다음을 읽고 맞지 <u>않는</u> 것을 고르십시오. 제64회 40번 기출문제

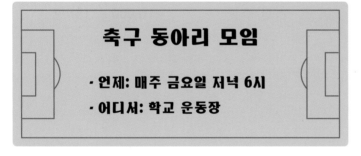

축구 동아리 모임

· 언제: 매주 금요일 저녁 6시
· 어디서: 학교 운동장

① 금요일에 합니다.
② 같이 축구를 합니다.
③ 모임은 오전에 있습니다.
④ 학교 운동장에서 만납니다.

해설

◐ ③

모임 시간은 '저녁 6시'이므로 모임은 '오후'에 있습니다.

머리에 쏙!

1	일/하나	11	십일/열하나	30	삼십/서른
2	이/둘	12	십이/열둘	40	사십/마흔
3	삼/셋	13	십삼/열셋	50	오십/쉰
4	사/넷	14	십사/열넷	60	육십/예순
5	오/다섯	15	십오/열다섯	70	칠십/일흔
6	육/여섯	16	십육/열여섯	80	팔십/여든
7	칠/일곱	17	십칠/열일곱	90	구십/아흔
8	팔/여덟	18	십팔/열여덟	100	(일)백
9	구/아홉	19	십구/열아홉	1,000	(일)천
10	십/열	20	이십/스물	10,000	(일)만

장소를 나타내는 단어

- '–실': 거실, 침실, 화장실, 휴게실, 사무실, 교실, 미용실
- '–장': 시장, 운동장, 주차장, 극장, 수영장, 스키장, 테니스장
- '–관': 도서관, 영화관, 미술관, 박물관, 체육관, 대사관
- '–점': 백화점, 서점, 음식점, 편의점
- '–원': 병원, 공원, 동물원
- '–국': 방송국, 약국, 우체국

 **유형 연습**

※ 다음을 읽고 맞지 <u>않는</u> 것을 고르십시오.

1 제60회 42번 기출문제

> 민수 씨!
> 저는 집에 잘 왔어요.
> 오늘 민수 씨 생일 파티가
> 정말 재미있었어요.
> 내일 수업시간에 만나요.
>
> —은정

① 은정 씨는 지금 집에 있습니다.

② 민수 씨는 내일 수업이 없습니다.

③ 민수 씨와 은정 씨는 오늘 만났습니다.

④ 은정 씨는 오늘 생일 파티에 갔습니다.

2

무료 영화

◆ 제목: 가을 이야기

◆ 일시: 10월 9일(토) 19:00

◆ 장소: 한국대학교 학생 극장

① 영화 가격은 비쌉니다.

② 영화는 토요일에 합니다.

③ 영화는 학생 극장에서 합니다.

④ 영화는 저녁 7시에 시작합니다.

③

조아분식 메뉴

라 면 3,000원   떡볶이 3,000원

만 두 4,000원   비빔밥 6,500원

김 밥 3,500원

※ 계절 메뉴(여름): 냉면 6,000원

① 만두는 사천 원입니다.

② 떡볶이와 김밥의 가격은 같습니다.

③ 냉면은 여름에만 먹을 수 있습니다.

④ 조아분식에서는 비빔밥을 먹을 수 있습니다.

④

2월 1일 버스표

출발 시간	06시 40분	출발지	부산
도착 시간	11시 00분	도착지	서울
좌석	10B	가격	32,000원

① 열한 시에 도착합니다.

② 버스표는 삼만 이천 원입니다.

③ 서울에서 부산으로 가는 버스입니다.

④ 2월 1일 6시 40분에 출발합니다.

5

자동차 박물관 안내

◆요 일: 월요일~토요일

◆시 간: 09:30~18:00

◆입장료: 어른 5,000원, 어린이 3,000원

① 일요일은 쉽니다.

② 오후 여섯 시에 끝납니다.

③ 어른은 오천 원을 냅니다.

④ 어린이는 갈 수 없습니다.

3-2 서술문의 내용 파악하기

주어진 글을 읽고, 글의 내용과 같은 것을 고르는 문제입니다. '누가, 언제, 어디에서, 무엇을, 어떻게, 왜' 그러한 일을 하였는지를 잘 파악하도록 합니다. 또, 선택지의 내용만으로 답을 추측하여 고르지 않도록 합니다. 선택지의 내용이 그럴 듯해 보여도 지문을 통해 알 수 없는 내용은 답이 될 수 없습니다.

※ 다음을 읽고 내용이 같은 것을 고르십시오. 제83회 44번 기출문제

> 어제 친구가 한국에 왔습니다. 오늘 우리 집에 놀러 올 겁니다. 저는 집을 깨끗하게 청소했습니다.

① 저는 친구 집에 갈 겁니다.
② 저는 오늘 친구를 만납니다.
③ 친구가 오늘 한국에 왔습니다.
④ 친구하고 집을 청소할 겁니다.

해설

▶ ②

친구가 '오늘 우리 집에 놀러 올 겁니다.'라고 했으므로 ②번이 정답입니다.

① 저는 친구 집에 갈 겁니다. (×)

  → '친구'가 '우리 집'에 올 겁니다.

③ 친구가 오늘 한국에 왔습니다. (×)

  → 친구가 '어제' 한국에 왔습니다.

④ 친구하고 집을 청소할 겁니다. (×)

  → (친구가 오기 전에) 제가 집을 깨끗하게 청소했습니다.

※ 다음을 읽고 내용이 같은 것을 고르십시오.

1 제52회 45번 기출문제

> 저는 보통 자전거를 타고 출근합니다. 자전거를 타면 운동도 할 수 있어서 좋습니다. 그런데 오늘은 다리가 아파서 택시를 타고 출근했습니다.

① 오늘은 회사에 가지 않았습니다.
② 저는 회사에 가서 운동을 합니다.
③ 저는 보통 택시를 타고 회사에 갑니다.
④ 오늘은 다리가 아파서 자전거를 못 탔습니다.

2

> 저는 토요일마다 등산을 합니다. 등산을 하면 몸이 튼튼해집니다. 또 기분도 좋아집니다.

① 저는 운동을 많이 합니다.
② 저는 매주 산에 오릅니다.
③ 저는 토요일을 좋아합니다.
④ 저는 지금 기분이 좋습니다.

3

> 저는 모자를 좋아합니다. 모자를 쓰면 더 예쁘게 보입니다. 그래서 모자가 여러 개 있습니다. 옷의 색깔이나 장소에 따라 다른 모자를 씁니다.

① 저는 모자가 많습니다.
② 저는 예쁘게 생겼습니다.
③ 저는 모자를 예쁘게 만듭니다.
④ 저는 매일 같은 모자를 씁니다.

4

> 휴대폰으로 게임을 너무 오래하면 건강에 좋지 않습니다. 눈이 피곤해지고, 목이 아픕니다. 또, 손목도 안 좋아집니다. 그렇기 때문에 휴대폰 게임은 많이 하지 않는 것이 좋습니다.

① 휴대폰 게임은 재미있습니다.
② 휴대폰 게임을 하면 눈이 좋아집니다.
③ 휴대폰 게임은 자주하는 것이 좋습니다.
④ 휴대폰 게임을 오래하면 손목에 좋지 않습니다.

5

> 저는 중국 사람이지만 한국에 살고 있습니다. 한국어를 공부하고 있지만, 아직 잘하지 못 합니다. 저의 한국인 친구는 저에게 한국어를 가르쳐 주고, 저는 그 친구에게 중국어를 가르쳐 줍니다. 함께 공부하는 것이 재미있습니다.

① 저는 한국어를 잘합니다.
② 친구는 중국에 살고 있습니다.
③ 친구는 저에게 중국어를 배웁니다.
④ 저는 친구에게 한국어를 가르쳐 줍니다.

주어진 글을 읽고, 글쓴이가 말하고자 하는 내용과 이유를 파악하는 문제입니다. 글의 내용 전체를 이해할 수 있는 능력이 필요합니다. 글을 읽고 '누가, 언제, 어디에서, 무엇을 어떻게, 왜' 하였는지를 한 문장으로 정리하는 연습을 해 보는 것이 문제를 푸는 데 도움이 될 수 있습니다.

4-1 글의 목적 파악하기

글쓴이가 글을 쓴 이유를 찾는 문제입니다. 주어진 글에서 전달하고자 하는 내용이 무엇인지를 찾아내는 능력이 필요합니다. 행사 초대, 행사 시간과 장소 확인, 광고 등의 글이 제시됩니다.

※ 왜 이 글을 썼는지 맞는 것을 고르십시오. 제60회 63번 기출문제

받는 사람: goodshoes@hankuk.com
보낸 사람: ksj@daehan.net
제   목: '좋은 구두' 쇼핑몰 담당자께

안녕하세요? 여러 번 전화했는데 통화 중이라서 이메일을 보냅니다. 저는 지난 주 수요일에 이 인터넷 쇼핑몰에서 구두를 주문했습니다. 오늘 구두를 받아서 신어 봤는데 너무 불편합니다. 사이즈를 240으로 교환할 수 있을까요? 답장 기다리겠습니다.

김수진 드림

① 주문 방법을 물어보려고   ② 구두를 더 주문하고 싶어서
③ 구두 사이즈를 바꾸고 싶어서   ④ 구두를 산 날짜를 확인하려고

◐ ③

김수진 씨는 지난주에 구두를 샀습니다. 하지만 구두가 불편해서 이 구두의 사이즈를 교환하고 싶습니다. '교환하다'는 무엇을 다른 것으로 바꾸는 것을 뜻하는 단어입니다.

유형 연습

※ 왜 이 글을 썼는지 맞는 것을 고르십시오.

1 제64회 63번 기출문제

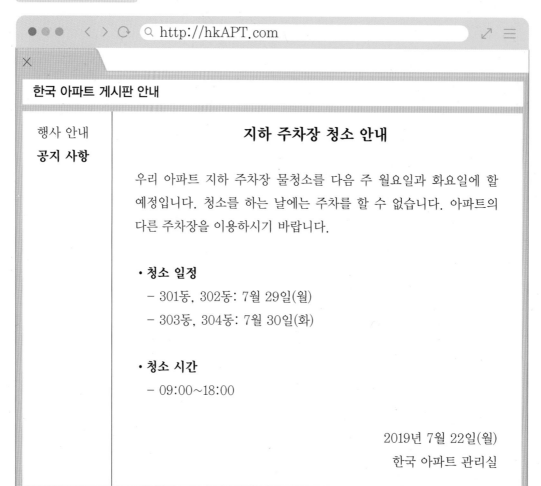

🔍 http://hkAPT.com

한국 아파트 게시판 안내

행사 안내
공지 사항

지하 주차장 청소 안내

우리 아파트 지하 주차장 물청소를 다음 주 월요일과 화요일에 할 예정입니다. 청소를 하는 날에는 주차를 할 수 없습니다. 아파트의 다른 주차장을 이용하시기 바랍니다.

- **청소 일정**
  - 301동, 302동: 7월 29일(월)
  - 303동, 304동: 7월 30일(화)

- **청소 시간**
  - 09:00~18:00

2019년 7월 22일(월)
한국 아파트 관리실

① 청소 장소를 바꾸려고
② 청소 계획을 물어보려고
③ 청소 이유를 설명하려고
④ 청소 날짜와 시간을 알리려고

2

받는 사람: youngmi@bola.com

보낸 사람: minsu@parang.net

제　　목: 옷을 교환해 주세요.

안녕하세요? 저는 지난주에 이곳에서 옷을 샀습니다. 회색 티셔츠를 샀는데,
노란색 티셔츠를 받았습니다. 옷이 잘못 온 것 같습니다. 티셔츠를 빨리 바꾸어
주시면 좋겠습니다. 옷의 크기는 괜찮습니다.

강소정 드림

① 옷을 사고 싶어서　　　　　　　　② 옷 주문을 확인하고 싶어서
③ 옷의 색을 바꾸고 싶어서　　　　　④ 옷의 종류에 대해 물어보고 싶어서

3

Q http://hanguk.edu

✕ 자유게시판

우리끼리

가을 음악회 안내

안녕하십니까?
우리 학교 음악 대학 친구들이 가을을 맞아 공연을 합니다. 음악회는 다음 주 토요일(9일)
오후 7시부터 9시까지 합니다. 공연을 보고 싶으면 오후 6시 30분까지 오시기 바랍니다.
여러분의 많은 참여 바랍니다.

한국대학교 학생회

① 음악회를 취소하려고　　　　　　② 음악회에 초대하려고
③ 음악회 참석에 감사하려고　　　　④ 음악회 공연 신청을 받으려고

④

미니 선풍기!

하얀색 선풍기입니다.

책상 위에 두고 사용할 수 있습니다.

산 지 한 달밖에 안 돼서 새것 같습니다.

가격은 1만 원입니다.

관심이 있으신 분은 문자 주세요.

010-1234-5678

① 선풍기를 팔고 싶어서 ② 선풍기를 구하고 싶어서

③ 선풍기에 대해 설명하고 싶어서 ④ 선풍기에 대해 물어보고 싶어서

⑤

받는 사람: oh@hana.com; happy@bora.co.kr; knj49@bht.net; ytc@mamer.com; cooltpk@hana.com; grace1213@bht.net; 391993@hana.com
보낸 사람: koreanspeech@mamer.com
제   목: 한국어 말하기 대회

안녕하세요?

제3회 한국어 말하기 대회에 신청해 주셔서 감사합니다.

말하기 대회는 이번 주 토요일 오후 2시부터 강당에서 진행됩니다.

말하기 대회에 참가하는 학생들은 30분 전까지 강당으로 와 주시기 바랍니다.

그럼 토요일에 강당에서 뵙겠습니다.

학생 회장 이지은 올림

① 대회 시간을 바꾸려고 ② 대회 참가자를 소개하려고

③ 대회 신청 방법을 안내하려고 ④ 대회 모임 시간과 장소를 알리려고

4-2 글의 주제 파악하기

글의 핵심 내용을 찾는 문제입니다. 주어진 글의 제목을 찾는다는 생각으로 문제에 접근하면 쉽게 풀 수 있습니다.

※ 무엇에 대한 내용인지 맞는 것을 고르십시오. 제52회 52번 기출문제

> 밀가루는 음식 재료입니다. 그런데 밀가루는 다양한 곳에 사용할 수 있습니다. 포도나 딸기를 씻을 때 밀가루로 씻으면 좋습니다. 그리고 냄새가 나는 그릇에 밀가루를 넣고 하루가 지나면 나지 않습니다. 밀가루를 사용하면 프라이팬에 남은 기름도 쉽게 닦을 수 있습니다.

① 밀가루로 할 수 있는 일
② 밀가루로 그릇을 닦는 순서
③ 밀가루로 과일을 씻는 방법
④ 밀가루로 만들 수 있는 음식

해설

➡ ①
음식을 만드는 것 외에도 밀가루를 사용하여 할 수 있는 다양한 일들을 소개하고 있습니다.

유형 연습

※ 무엇에 대한 내용인지 맞는 것을 고르십시오.

1 제64회 52번 기출문제

> 전에는 문을 열 때 항상 열쇠를 사용했습니다. 그런데 요즘은 꼭 열쇠가 필요한 것은 아닙니다. 자기만 아는 번호를 사용할 수도 있고 카드로 문을 열 수도 있습니다. 그리고 사람마다 모두 다른 목소리나 얼굴 모양을 이용하는 방법도 있습니다. 요즘은 이렇게 다양한 방법을 씁니다.

① 열쇠가 사용되는 곳
② 열쇠로 할 수 있는 일
③ 문을 여는 여러 가지 방법
④ 문을 열 때 카드를 쓰는 이유

2

> 감기에 걸리면 열이 나고 머리가 아프기도 합니다. 그러나 조금만 조심하면 감기를 피할 수 있습니다. 무엇보다도 더러운 손으로 눈이나 코, 입을 만지지 않도록 합니다. 집에 와서는 손을 깨끗이 씻어야 합니다. 운동을 하고, 신선한 과일이나 채소를 먹는 것도 좋습니다.

① 손을 깨끗이 씻는 방법
② 감기에 걸리지 않는 방법
③ 손으로 얼굴을 만지는 방법
④ 감기에 걸렸을 때 치료 방법

3

> 설날과 추석은 한국의 큰 명절입니다. 설날에는 떡국을 먹습니다. 떡국은 오래 사는 것을 바라는 의미입니다. 추석에는 송편을 먹습니다. 송편은 한 해의 결과에 대해 감사하며, 더 나은 미래를 바라는 의미입니다.

① 한국의 설날   ② 한국의 추석
③ 한국의 미래   ④ 한국의 명절 음식

4

　　맛있는 것을 먹으면 기분이 좋아집니다. 그래서 사람들은 요리에 관심이 많습니다. 요즘에는 맛있는 음식점을 찾아가는 사람들이 특히 많아졌습니다. 요리 프로그램을 보고 집에서 만들기도 합니다. 요리사의 인기도 높아졌습니다.

① 요리의 인기
② 요리사의 음식점
③ 요리 프로그램의 소개
④ 요리하는 사람들의 기분

5

　　예전에는 휴대 전화로 통화를 하거나 간단한 메시지만 주고받을 수 있었습니다. 그러나 이제는 기술이 발전하여 휴대 전화로 다양한 일을 할 수 있습니다. 사진도 찍을 수 있고, 휴대 전화에 있는 카드로 계산도 할 수 있습니다. 또 인터넷에 접속하여 검색을 하거나 메일을 보내는 것도 가능합니다.

① 기술 발전의 장점
② 기술 발전이 필요한 이유
③ 휴대 전화로 할 수 있는 일
④ 휴대 전화로 사진을 찍는 방법

4-3 글쓴이의 중심 내용 파악하기

글쓴이가 말하고자 하는 내용을 찾는 문제입니다. 글에서 중요한 내용과 관계된 단어는 반복해서 사용되기 때문에 이 핵심 단어를 찾는 연습을 하는 것이 좋습니다. 지시문의 내용과 선택지의 내용이 똑같더라도 중심 내용이 아닌 경우에는 답이 되지 않습니다.

※ **다음을 읽고 중심 내용을 고르십시오.** 제64회 48번 기출문제

> 저는 게임 회사에 다니고 있습니다. 일도 재미있고 회사 사람들도 좋습니다. 저는 이 회사에 오래 다니고 싶습니다.

① 저는 게임을 하는 것이 좋습니다.
② 저는 이 회사의 게임을 좋아합니다.
③ 저는 이 회사에서 계속 일하면 좋겠습니다.
④ 저는 이 회사에서 같이 일하는 사람들이 좋습니다.

◐ ③

지금 다니고 있는 회사가 좋기 때문에 오래 다니고 싶다는 내용입니다. '회사에 다니다'는 '회사에서 일한다'는 뜻입니다.

※ 다음을 읽고 중심 내용을 고르십시오.

1 제60회 46번 기출문제

> 저는 스키를 좋아합니다. 겨울이 되면 주말마다 스키를 타러 갑니다. 빨리 눈이 오는 겨울이 되면 좋겠습니다.

① 저는 주말을 기다립니다.
② 저는 겨울이 와서 좋습니다.
③ 저는 빨리 스키를 타고 싶습니다.
④ 저는 눈이 오는 날을 좋아합니다.

2

> 저는 경찰이 되고 싶습니다. 위험하기도 하지만, 사람들에게 도움이 될 수 있기 때문입니다. 꿈을 이루기 위해 매일 운동을 합니다.

① 저는 경찰이 되었습니다.
② 저는 사람들에게 도움을 줍니다.
③ 저는 사람들의 운동을 돕습니다.
④ 저는 경찰이 되기 위해 운동을 하고 있습니다.

3

> 민수 씨가 학교에 결석하였습니다. 배탈이 났기 때문입니다. 수업이 끝나고 민수 씨의 병문안을 갈 겁니다.

① 민수 씨는 머리가 아픕니다.
② 저는 민수 씨가 걱정이 됩니다.
③ 저는 민수 씨와 약속이 있습니다.
④ 민수 씨는 매일 학교에 오지 않습니다.

4

다음 주에 친구가 먼 곳으로 이사를 갑니다. 그래서 이제 자주 만나기 어렵습니다. 친구가 이사를 가지 않으면 좋겠습니다.

① 저는 친구와 친한 사이입니다.
② 저는 다음 주에 이사를 갑니다.
③ 이제 친구를 자주 만날 수 있습니다.
④ 저는 친구가 이사 가는 것이 싫습니다.

5

수학 숙제가 아주 어렵습니다. 그래서 미우 씨가 숙제를 도와주었습니다. 저는 미우 씨의 한국어 공부를 도와줄 겁니다.

① 저는 수학이 어렵습니다.
② 저는 미우 씨가 고마웠습니다.
③ 미우 씨는 한국어가 어렵습니다.
④ 미우 씨는 저와 수학 공부를 함께 할 겁니다.

유형 ⑤ 문장의 관계 파악하기

문장 간의 관계를 이해하는 문제입니다. '그리고, 그러나, 그래서, 그런데, 하지만' 등의 접속 부사(conjunctive adverb)나 '이, 그, 저', '이것, 그것, 저것' 등과 같은 지시 대명사(demonstrative pronoun) 등을 공부하여 문장을 자연스럽게 연결할 수 있도록 합니다.

5-1 문장 순서 정하기

제시된 네 문장을 글의 흐름에 알맞게 나열하는 문제입니다. 문장과 문장 간의 관계를 이해할 수 있어야 합니다. 선택지를 통해 시작 문장을 확인할 수 있으므로, 선택지를 활용하여 문제를 푸는 것도 좋은 방법이 될 수 있습니다.

※ 다음을 순서에 맞게 배열한 것을 고르십시오. 제64회 58번 기출문제

> (가) 회사원들의 이런 생활은 목에 좋지 않습니다.
> (나) 그래서 잠깐씩 일어나서 목 운동을 해야 합니다.
> (다) 또 목 주위를 따뜻하게 해 주는 것도 도움이 됩니다.
> (라) 회사원들은 오랜 시간 앉아서 컴퓨터를 보고 일합니다.

① (가)-(나)-(라)-(다) 　　② (가)-(다)-(나)-(라)
③ (라)-(가)-(나)-(다) 　　④ (라)-(다)-(나)-(가)

해설

◎ ③

(라) 회사원들은 오랜 시간 앉아서 컴퓨터를 보고 일합니다.

(가) 회사원들의 <u>이런</u> 생활은 목에 좋지 않습니다.
　　오랜 시간 앉아서 컴퓨터를 보고 일하는 생활

(나) 그래서 잠깐씩 일어나서 목 운동을 해야 합니다.
　　→ 목 건강을 위해 해야 하는 일 1

(다) 또 목 주위를 따뜻하게 해 주는 것도 도움이 됩니다.
　　→ 목 건강을 위해 해야 하는 일 2

 머리에 쏙!

그리고

앞의 내용과 뒤의 내용을 나란히 연결할 때 사용합니다.

> 예 밥을 먹습니다. 그리고 차를 마십니다.

그러나/그런데/그렇지만/하지만

앞의 내용과 뒤의 내용이 반대되는 내용일 때 사용합니다.

> 예 비가 옵니다. 그러나 우산이 없습니다.
> 예 비가 옵니다. 그런데 우산이 없습니다.
> 예 비가 옵니다. 그렇지만 우산이 없습니다.
> 예 비가 옵니다. 하지만 우산이 없습니다.

그래서/그러니까

앞의 내용이 뒤의 내용의 이유나 원인일 때 사용합니다.

> 예 배가 아픕니다. 그래서 병원에 갑니다.
> 예 배가 아픕니다. 그러니까 병원에 갑니다.

그러면

앞의 내용이 뒤의 내용의 조건일 때 사용합니다.

> 예 노래를 부릅니다. 그러면 기분이 좋아집니다.

유형 연습

※ 다음을 순서에 맞게 배열한 것을 고르십시오.

1　제64회 57번 기출문제

> (가) 저는 종이컵을 많이 썼습니다.
> (나) 이제부터 그 컵을 쓰려고 합니다.
> (다) 그래서 가지고 다닐 컵을 샀습니다.
> (라) 그런데 종이컵은 바로 쓰레기가 됩니다.

① (가)-(다)-(나)-(라)　　② (가)-(라)-(다)-(나)
③ (나)-(다)-(라)-(가)　　④ (나)-(라)-(가)-(다)

2

> (가) 토니 씨가 전화를 했습니다.
> (나) 그래서 전화를 받지 못했습니다.
> (다) 저는 그때 도서관에 있었습니다.
> (라) 집에 갈 때 토니 씨에게 전화를 했습니다.

① (가)-(나)-(다)-(라)　　② (가)-(다)-(나)-(라)
③ (라)-(가)-(다)-(나)　　④ (라)-(다)-(나)-(가)

3

> (가) 우산을 찾아서 기분이 좋았습니다.
> (나) 다행히 우산은 그곳에 있었습니다.
> (다) 우산을 우체국에 두고 나왔습니다.
> (라) 우산이 없는 것을 알고 다시 우체국에 갔습니다.

① (나)-(가)-(다)-(라)　　② (나)-(라)-(다)-(가)
③ (다)-(라)-(가)-(나)　　④ (다)-(라)-(나)-(가)

4

> (가) 은정 씨는 산을 좋아합니다.
> (나) 왜냐하면 공기가 맑기 때문입니다.
> (다) 또 산에 올라가면 건강에도 좋습니다.
> (라) 그래서 은정 씨는 매주 등산을 합니다.

① (가)-(나)-(다)-(라) ② (가)-(나)-(라)-(다)
③ (다)-(나)-(가)-(라) ④ (다)-(라)-(가)-(나)

5

> (가) 열심히 응원하다 보니 배가 고팠습니다.
> (나) 아빠와 야구 경기를 보러 야구장에 갔습니다.
> (다) 그래서 경기가 끝나고 비빔밥을 사 먹었습니다.
> (라) 사람들이 많아 오래 기다려 표를 사고 야구장에 들어갔습니다.

① (가)-(다)-(라)-(나) ② (가)-(라)-(나)-(다)
③ (나)-(다)-(라)-(가) ④ (나)-(라)-(가)-(다)

5-2 문장이 들어갈 곳 고르기

문제에 제시된 문장이 지문의 어느 위치에 들어가야 하는지를 찾는 문제입니다. 지문에 제시된
네 곳의 위치 중 글이 가장 자연스럽게 이어질 수 있는 위치를 찾아야 합니다.

※ 다음을 읽고 물음에 답하십시오. 제64회 59번 기출문제

다음 문장이 들어갈 곳으로 가장 알맞은 것을 고르십시오.

> 저는 피아노 학원에 다닌 지 3년이 되었습니다. (㉠) 그렇지만 지금은 여러
> 노래들을 잘 칠 수 있게 되었습니다. (㉡) 피아노를 치면서 좋아하는 가수의
> 노래를 부르면 정말 즐거워집니다. (㉢) 피아노를 배우는 것이 정말 좋습니다.
> (㉣)

처음에는 피아노를 전혀 치지 못했습니다.

① ㉠   ② ㉡   ③ ㉢   ④ ㉣

○ ①

주어진 문장은 처음에는 피아노를 칠 줄 몰랐다는 내용입니다. 따라서 주어진 문장의 앞 또는 뒤에는 현
재의 상황을 나타내는 문장이 이어져야 합니다. (㉠) 뒤의 '그렇지만'은 앞의 내용과 뒤의 내용이 반대될
때 사용합니다.

머리에 쏙!

- 나는 여기/이곳에 있습니다.
- 농구공도 여기/이곳에 있습니다.
- 윤호는 거기/그곳에 있습니다.
- 인형도 거기/그곳에 있습니다.
- 자전거는 저기/저곳에 있습니다.

- 이것은 농구공입니다.
- 그것은 인형입니다.
- 저것은 자전거입니다.

나: 우리 지난번에 갔던 그 바다 가자.
윤호: 아, 그 바다? 그래, 나 거기 좋아해.

※ 다음을 읽고 물음에 답하십시오.

다음 문장이 들어갈 곳으로 가장 알맞은 것을 고르십시오.

1 제60회 59번 기출문제

> 사람들은 보통 좋아하는 텔레비전 프로그램을 볼 때 조용히 봅니다. (㉠) 그러나 우리 가족은 다릅니다. (㉡) 드라마와 뉴스 이야기도 하지만 나와 아내의 회사 이야기도 하고 아이들의 학교 이야기도 합니다. (㉢) 텔레비전 소리를 못들을 때가 있지만 가족들과 함께하는 이 시간이 정말 즐겁습니다. (㉣)

텔레비전을 보면서 이야기를 많이 합니다.

① ㉠   ② ㉡   ③ ㉢   ④ ㉣

2

> 저는 음악 듣는 것을 좋아합니다. (㉠) 음악을 들으면 마음이 편안해집니다. (㉡) 기분이 좋을 때는 신나는 음악을 듣습니다. (㉢) 하지만 기분이 나쁠 때는 느린 음악을 듣습니다. (㉣)

그렇지만 기분에 따라 듣는 음악이 달라집니다.

① ㉠   ② ㉡   ③ ㉢   ④ ㉣

3

　　저는 사진 동아리에서 활동합니다. (㉠) 혼자 사진을 찍는 것보다 동아리 활동의 좋은점이 더 많기 때문입니다. (㉡) 동아리 활동을 하면 사람들에게 사진을 더 잘 찍는 법을 배울 수 있습니다. (㉢) 무엇보다 다양한 사람들을 만나서 친해질 수 있습니다. (㉣)

또, 다 함께 좀 더 싸게 물건을 살 수도 있습니다.

① ㉠　　　　　　② ㉡　　　　　　③ ㉢　　　　　　④ ㉣

4

　　건강하기 위해서는 물을 충분히 마셔야 합니다. (㉠) 보통 하루에 2L 정도를 마시는 것이 좋습니다. (㉡) 또 너무 차거나 뜨거운 물을 마시는 것도 좋지 않습니다. (㉢) 커피나 녹차를 마신 후에는 더 많은 물을 마셔야 합니다. (㉣)

그러나 운동을 하고 나서 한번에 너무 많은 물을 마시면 위험합니다.

① ㉠　　　　　　② ㉡　　　　　　③ ㉢　　　　　　④ ㉣

5

　　요즘에는 집에서 동물을 기르는 사람들이 많습니다. (㉠) 전에는 반려동물이라고 하면 개나 고양이만을 생각했습니다. (㉡) 하지만 이제는 물고기, 거북이, 햄스터 등 그 종류도 다양해졌습니다. (㉢) 또 반려동물을 위한 물품과 시설도 다양해졌습니다. (㉣)

이렇게 사람과 함께 사는 동물을 '반려동물'이라고 합니다.

① ㉠　　　　　　② ㉡　　　　　　③ ㉢　　　　　　④ ㉣

TOPIK I 읽기 (1번~ 20번)

※ [1~2] 무엇에 대한 내용입니까? 〈보기〉와 같이 알맞은 것을 고르십시오.

보기

포도를 먹었습니다. 포도가 맛있었습니다.

① 시간　　　　　② 공부　　　　　❸ 과일　　　　　④ 날짜

1.

오늘은 수요일입니다. 내일은 목요일입니다.

① 장소　　　　　② 날짜　　　　　③ 시간　　　　　④ 요일

2.

수미 씨는 활발합니다. 미지 씨는 조용합니다.

① 취미　　　　　② 성격　　　　　③ 친구　　　　　④ 가족

※ [3~6] 〈보기〉와 같이 (　　)에 들어갈 말로 가장 알맞은 것을 고르십시오.

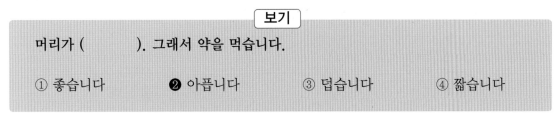

보기

머리가 (　　　　). 그래서 약을 먹습니다.

① 좋습니다　　　❷ 아픕니다　　　③ 덥습니다　　　④ 짧습니다

3.

축구 경기가 있습니다. 학교 운동장(　　　) 경기를 합니다.

①에　　　　　② 까지　　　　　③ 에서　　　　　④ 에게

4.

(   )에 갑니다. 책을 빌립니다.

① 가게   ② 은행   ③ 우체국   ④ 도서관

5.

동물을 (   ). 그래서 강아지를 키웁니다.

① 좋아합니다   ② 싫어합니다   ③ 무서워합니다   ④ 부러워합니다

6.

가방이 (   ) 무겁습니다. 들 수가 없습니다.

① 너무   ② 약간   ③ 점점   ④ 점차

※ [7~8] 다음을 읽고 맞지 <u>않는</u> 것을 고르십시오.

7.

〈영화 시간표〉

시간	2월 1일(토)
10시 15분 ~ 12시 00분	만화 '후당이'
13시 00분 ~ 14시 20분	'그 사람'
15시 00분 ~ 17시 00분	'우주를 지켜라'
19시 05분 ~ 21시 30분	'겨울 노래'

① 총 네 편의 영화를 합니다.

② '겨울 노래'는 한 시간 정도 합니다.

③ 만화 '후당이'를 제일 먼저 볼 수 있습니다.

④ '그 사람'은 '우주를 지켜라' 전에 합니다.

8.

외국인을 위한 무료 태권도 교실

태권도를 배우고 싶으세요?

그럼 우리 태권도 교실에 오세요!

처음 배우는 사람도 따라 하기 쉽게 태권도를 가르쳐 드립니다.

일시: 매주 수요일 오후 2시-4시

장소: 한국대학교 1층 체육관

① 한국대학교에는 체육관이 있습니다.

② 태권도를 공짜로 배울 수 있습니다.

③ 매주 두 시간씩 태권도 교실이 열립니다.

④ 태권도를 모르는 사람은 참여할 수 없습니다.

※ [9~10] 다음을 읽고 내용이 같은 것을 고르십시오.

9.

지난 주말에 비행기를 타고 가족과 제주도에 갔습니다. 경치가 매우 아름다워서 사진을 많이 찍었습니다. 다음에도 또 가고 싶습니다.

① 저는 비행기를 못 탑니다.

② 제주도의 풍경은 아름답습니다.

③ 가족과 제주도를 가려고 합니다.

④ 저는 제주도 사진을 찍지 못했습니다.

10.

> 저는 기분이 좋지 않을 때 즐거운 노래를 듣습니다. 음악을 들으며 노래를 따라 부릅니다. 그러면 걱정이 줄고 마음이 편안해집니다.

① 저는 노래를 잘 부릅니다.

② 저는 노래를 들으면 마음이 편안해집니다.

③ 저는 마음이 편안할 때 즐거운 노래를 듣습니다.

④ 저는 노래를 들으며 따라 부르는 것이 즐겁지 않습니다.

※ [11~12] 다음을 읽고 중심 내용을 고르십시오.

11.

> 저는 수영 선수입니다. 다음 달에 수영 대회가 있습니다. 그래서 앞으로 더 열심히 연습할 겁니다.

① 저는 가끔 수영을 합니다.

② 저는 최근에 수영을 배웠습니다.

③ 다음 달에 수영 대회에 참여할 겁니다.

④ 수영 대회를 위해 더 노력하려 합니다.

12.

> 다음 달에 제가 좋아하는 가수가 한국에 옵니다. 그 가수는 노래도 잘 부르고, 춤도 잘 춥니다. 저는 그 가수의 공연을 꼭 보러 갈 겁니다.

① 제가 좋아하는 가수가 공연을 합니다.

② 제가 좋아하는 가수는 춤을 잘 춥니다.

③ 저는 제가 좋아하는 가수의 공연을 보고 싶습니다.

④ 저는 제가 좋아하는 가수처럼 노래를 잘 부르고 싶습니다.

여행을 다닐 때 가방이 무거우면 다니기 힘듭니다. 그래서 여행을 갈 때는 꼭 필요한 짐만 챙기는 것이 좋습니다. 여행을 같이 가는 사람이 (㉠) 나누어 짐을 챙기는 것도 좋습니다. 그러나 우산과 약은 항상 가지고 다녀야 합니다. 갑자기 필요한 경우가 생길 수 있기 때문입니다.

13. ㉠에 들어갈 말로 가장 알맞은 것을 고르십시오.

① 있다면   ② 있다고   ③ 있어서   ④ 있지만

14. 무엇에 대한 내용인지 맞는 것을 고르십시오.

① 여행 짐을 챙기는 법   ② 여행 친구를 사귀는 법

③ 우산을 갖고 다니는 법   ④ 좋은 약을 발견하는 법

※ [15~16] 다음을 읽고 물음에 답하십시오.

받는 사람: youngmi@bola.com
보낸 사람: minsu12@parang,net
제   목: '김치 만들기' 신청자 여러분께

안녕하세요? '김치 만들기'에 신청해 주셔서 감사합니다.
'김치 만들기'는 오전 10시부터 12시까지 합니다. '김치 만들기'가 끝나면 점심 식사를 함께 할 겁니다. 점심 메뉴는 우리가 만든 김치와 미역국, 불고기입니다. '김치 만들기'를 신청한 학생들은 학생 회관으로 시작 30분 전까지 와 주시기 바랍니다.

한국대학교 학생회

15. 왜 윗글을 썼는지 맞는 것을 고르십시오.

① '김치 만들기'를 소개하려고

② '김치 만들기' 신청자를 확인하려고

③ '김치 만들기' 신청 방법을 안내하려고

④ '김치 만들기' 시간과 장소를 안내하려고

16. 윗글의 내용과 같은 것을 고르십시오.

① '김치 만들기'는 아침에 시작합니다.

② '김치 만들기'는 열 시간 동안 진행됩니다.

③ 신청자는 점심 도시락을 준비해 가야 합니다.

④ 신청자는 10시 30분까지 학생 회관으로 가야 합니다.

※ [17~18] 다음을 순서에 맞게 배열한 것을 고르십시오.

17.

> (가) 제가 가장 많이 사용하는 것은 카메라 기능입니다.
>
> (나) 요즘에는 휴대폰으로 많은 일을 할 수 있습니다.
>
> (다) 그래서 카메라보다 휴대폰으로 사진을 더 자주 찍습니다.
>
> (라) 휴대폰으로 찍은 사진도 카메라로 찍은 사진만큼 예쁘게 나옵니다.

① (나)-(가)-(다)-(라)　　　　② (나)-(가)-(라)-(다)

③ (라)-(다)-(가)-(나)　　　　④ (라)-(다)-(나)-(가)

18.

> (가) 우리 마을은 바다가 유명합니다.
>
> (나) 바다가 깨끗하고 경치가 아름답기 때문입니다.
>
> (다) 이번 여름에도 많은 사람들이 우리 마을에 놀러 왔습니다.
>
> (라) 그래서 해마다 여름이면 사람들이 우리 마을에 많이 찾아옵니다.

① (가)-(나)-(다)-(라)　　　② (가)-(나)-(라)-(다)

③ (다)-(나)-(가)-(라)　　　④ (다)-(라)-(가)-(나)

※ [19~20] 다음을 읽고 물음에 답하십시오.

> 　친구들과 식당에서 점심을 먹었습니다. (㉠) 그리고 자전거를 타러 공원에 갔습니다. (㉡) 그런데 공원에서 휴대폰을 잃어버렸습니다. (㉢) 한 시간 동안 친구들과 함께 찾았지만 휴대폰을 찾지 못했습니다. (㉣) 아저씨가 무척 고마웠습니다.

19. 다음 문장이 들어갈 곳으로 가장 알맞은 것을 고르십시오.

> 그때, 어떤 아저씨께서 휴대폰을 찾아 주셨습니다.

① ㉠　　　　　② ㉡　　　　　③ ㉢　　　　　④ ㉣

20. 윗글의 내용과 같은 것을 고르십시오.

① 저는 식당 앞에서 자전거를 탔습니다.

② 자전거를 타다 휴대폰을 잃어버렸습니다.

③ 식당에서 점심을 먹은 후 친구들을 만났습니다.

④ 아저씨께서 휴대폰을 공원에서 가져가셨습니다.

읽기 영역을 준비하기 위해서는 자주 나오는 문제의 유형을 이해하는 것이 중요합니다. 앞서 공부한 유형들을 익혀 질문에서 묻는 내용을 빨리 파악할 수 있도록 연습해 보세요. 또한 평소에 단어 공부를 많이 하는 것도 도움이 됩니다. 글을 읽다가 모르는 단어가 나오면 글을 통해 단어의 의미를 생각해 보고, 글을 모두 읽고 난 후, 사전을 찾아 정확한 의미를 확인해 보세요.

이제 아래의 글을 통해 연습해 볼 시간입니다. 다음에 주어진 질문을 살피며 글을 읽어 보세요. TOPIK 시험뿐만 아니라 읽기 능력의 전반적인 향상에도 도움이 될 것입니다.

- ✦ 무엇에 대한 이야기인가?
- ✦ 어떠한 내용인가?
- ✦ 작가는 왜 이 글을 썼는가?
- ✦ 작가의 중심 생각은 무엇인가?
- ✦ 모르는 단어는 무엇인가?

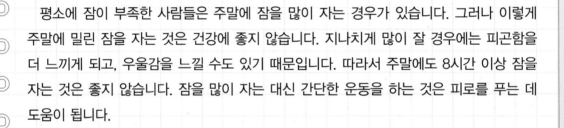

평소에 잠이 부족한 사람들은 주말에 잠을 많이 자는 경우가 있습니다. 그러나 이렇게 주말에 밀린 잠을 자는 것은 건강에 좋지 않습니다. 지나치게 많이 잘 경우에는 피곤함을 더 느끼게 되고, 우울감을 느낄 수도 있기 때문입니다. 따라서 주말에도 8시간 이상 잠을 자는 것은 좋지 않습니다. 잠을 많이 자는 대신 간단한 운동을 하는 것은 피로를 푸는 데 도움이 됩니다.

📖 어휘 쑥쑥

🖊 모르는 단어를 사전에서 찾아 그 뜻을 적어 보세요.

- **평소** → _____

- **부족하다** → _____

- **밀리다** → _____

- **피곤** → _____

- **우울감** → _____

- **피로를 풀다** → _____

CHAPTER. 2
실전 모의고사

제1회
실전 모의고사

한국어능력시험 I
(초급)

듣기, 읽기

수험번호(Registration No.)		
이름 (Name)	한국어(Korean)	
	영 어(English)	

유 의 사 항
Information

1. 시험 시작 지시가 있을 때까지 문제를 풀지 마십시오.
   Do not open the booklet until you are allowed to start.

2. 수험번호와 이름을 정확하게 적어 주십시오.
   Write your name and registration number on the answer sheet.

3. 답안지를 구기거나 훼손하지 마십시오.
   Do not fold the answer sheet; keep it clean.

4. 답안지의 이름, 수험번호 및 정답의 기입은 배부된 펜을 사용하여 주십시오.
   Use the given pen only.

5. 정답은 답안지에 정확하게 표시하여 주십시오.
   Mark your answer accurately and clearly on the answer sheet.

   marking example | ① ● ③ ④ |

6. 문제를 읽을 때에는 소리가 나지 않도록 하십시오.
   Keep quiet while answering the questions.

7. 질문이 있을 때에는 손을 들고 감독관이 올 때까지 기다려 주십시오.
   When you have any questions, please raise your hand.

※ [1~4] 다음을 듣고 〈보기〉와 같이 물음에 맞는 대답을 고르십시오.

보기

가: 공부를 해요?
나: _____

❶ 네, 공부를 해요.　　　　② 아니요, 공부예요.

③ 네, 공부가 아니에요.　　④ 아니요, 공부를 좋아해요.

1. (4점)

① 네, 수박이에요.　　　　② 네, 수박이 비싸요.

③ 아니요, 수박이 작아요.　　④ 아니요, 수박이 없어요.

2. (4점)

① 네, 비예요.　　　　② 네, 비가 와요.

③ 아니요, 비가 없어요.　　④ 아니요, 비가 싫어요.

3. (3점)

① 2시에 가요.　　　　② 매일 가요.

③ 동생하고 가요.　　④ 백화점에 가요.

4. (3점)

① 제가 받고 싶어요.　　　　② 생일에 받고 싶어요.

③ 친구한테 받고 싶어요.　　④ 컴퓨터를 받고 싶어요.

※ [5~6] 다음을 듣고 〈보기〉와 같이 이어지는 말을 고르십시오.

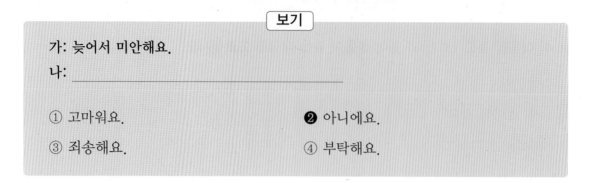

보기

가: 늦어서 미안해요.
나: _____

① 고마워요.   ❷ 아니에요.
③ 죄송해요.   ④ 부탁해요.

5. (4점)

① 네, 미안해요.   ② 네, 부탁해요.
③ 네, 잘 먹겠습니다.   ④ 네, 그렇게 하세요.

6. (3점)

① 네, 그런데요.   ② 네, 고맙습니다.
③ 네, 여기 있어요.   ④ 네, 빌려 주세요.

※ [7~10] 여기는 어디입니까? 〈보기〉와 같이 알맞은 것을 고르십시오.

보기

가: 어서 오세요.
나: 여기 수박 있어요?

① 학교   ② 약국   ❸ 시장   ④ 서점

7. (3점)

① 식당   ② 가게   ③ 회사   ④ 은행

8. (3점)

① 호텔   ② 병원   ③ 여행사   ④ 도서관

9. (3점)

　① 약국　　　　　② 식당　　　　　③ 꽃집　　　　　④ 편의점

10. (4점)

　① 교실　　　　　② 극장　　　　　③ 서점　　　　　④ 세탁소

※ [11~14] 다음은 무엇에 대해 말하고 있습니까? 〈보기〉와 같이 알맞은 것을 고르십시오.

> **보기**
>
> 가: 누구예요?
> 나: 이 사람은 형이고, 이 사람은 동생이에요.
>
> ❶ 가족　　　　　② 이름　　　　　③ 선생님　　　　　④ 부모님

11. (3점)

　① 시험　　　　　② 계획　　　　　③ 공부　　　　　④ 약속

12. (3점)

　① 여행　　　　　② 고향　　　　　③ 비행기　　　　　④ 여행사

13. (4점)

　① 날씨　　　　　② 우산　　　　　③ 시간　　　　　④ 뉴스

14. (3점)

　① 운동　　　　　② 직업　　　　　③ 취미　　　　　④ 계획

※ [15~16] 다음을 듣고 가장 알맞은 그림을 고르십시오. (각 4점)

15. ①    ②

③    ④

16. ①    ②

③    ④

※ [17~21] 다음을 듣고 〈보기〉와 같이 대화 내용과 같은 것을 고르십시오. (각 3점)

보기

가: 요즘 한국어를 공부해요?

나: 네. 한국 친구한테서 한국어를 배워요.

① 남자는 학생입니다.

② 여자는 학교에 다닙니다.

③ 남자는 한국어를 가르칩니다.

❹ 여자는 한국어를 공부합니다.

17. ① 회사 앞 커피숍은 어제 문을 열었습니다.

② 회사 앞 커피숍은 한 달 후에 문을 닫습니다.

③ 두 사람은 내일 점심시간에 커피숍에 갈 겁니다.

④ 회사 앞 커피숍에서는 커피를 사면 쿠키를 무료로 줍니다.

18. ① 남자는 목도리의 색깔이 마음에 듭니다.

② 여자는 남자에게 생일 선물을 주었습니다.

③ 여자는 남자의 생일에 친구를 만났습니다.

④ 남자는 오늘 여자와 생일파티를 할 겁니다.

19. ① 여자는 김 선생님의 결혼 소식을 모릅니다.

② 김 선생님의 예비 신부는 얼굴이 예쁩니다.

③ 남자와 여자는 결혼식장 앞에서 만날 겁니다.

④ 남자는 다음 달 셋째 주 토요일에 결혼을 할 겁니다.

20. ① 남자의 직업은 은행원입니다.

② 여자는 영화감독이 되려고 합니다.

③ 여자와 남자는 내일 함께 영화를 볼 겁니다.

④ 남자는 내일 아침에 영화를 볼 수 있습니다.

※ **[17~21] 다음을 듣고 〈보기〉와 같이 대화 내용과 같은 것을 고르십시오. (각 3점)**

21. ① 남자는 셔츠의 소매 모양이 싫습니다.

② 여자는 남자에게 새 상품을 보낼 겁니다.

③ 이미 산 상품은 새것으로 바꿀 수 없습니다.

④ 남자는 셔츠의 사이즈를 더 큰 것으로 바꾸려고 합니다.

※ **[22~24] 다음을 듣고 여자의 중심 생각을 고르십시오. (각 3점)**

22. ① 지나친 운동은 건강에 좋지 않습니다.

② 운동은 무조건 많이 해야 건강에 좋습니다.

③ 헬스클럽에서 운동을 하면 다칠 수 있습니다.

④ 운동을 하지 않는 사람은 건강이 좋지 않습니다.

23. ① 예약을 하면 기다리지 않아서 좋습니다.

② 날씨가 좋지 않을 때에는 예약이 편리합니다.

③ 손님이 줄을 서서 기다리는 식당이 좋은 식당입니다.

④ 예약 없이 오는 손님들을 기다리게 하면 미안합니다.

24. ① 짐이 많을 때에는 자가용으로 이동해야 합니다.

② 부모님 댁에 갈 때는 자가용으로 가야 빠릅니다.

③ 아이들이 오랫동안 차 안에 있으면 병에 걸립니다.

④ 길이 막히는 명절에는 대중교통을 이용해야 합니다.

※ [25~26] 다음을 듣고 물음에 답하십시오.

25. 여자가 왜 이 이야기를 하고 있는지 고르십시오. (3점)

　　① 식당 위치를 알려 주려고

　　② 신청 방법을 말해 주려고

　　③ 아침 메뉴를 정하고 싶어서

　　④ 다양한 모임을 만들고 싶어서

26. 들은 내용과 같은 것을 고르십시오. (4점)

　　① 아침 식사를 해서 직원들의 건강이 좋아졌습니다.

　　② 아침 식사 메뉴를 정하면 사무실로 가져다 줍니다.

　　③ 다음 주부터 회사에서 아침 식사를 할 수 있습니다.

　　④ 매일 아침 원하는 메뉴를 식당 직원에게 이야기하면 됩니다.

※ [27~28] 다음을 듣고 물음에 답하십시오.

27. 두 사람이 무엇에 대해 이야기를 하고 있는지 고르십시오. (3점)

　　① 노래를 듣는 방법

　　② 노래를 찾는 방법

　　③ 노래를 만드는 방법

　　④ 노래를 잘 부르는 방법

28. 들은 내용과 같은 것을 고르십시오. (4점)

　　① 여자의 직업은 가수입니다.

　　② 여자와 남자는 노래방에 갈 겁니다.

　　③ 여자는 남자와 자주 노래를 부릅니다.

　　④ 여자는 노래대회에서 1등을 했습니다.

29. 두 사람이 명동에 가는 이유를 고르십시오. (3점)

    ① 사진 전시회에 가고 싶어서

    ② 남자의 할머니와 약속이 있어서

    ③ 할머니 생신 선물을 사고 싶어서

    ④ 여자가 좋아하는 옷을 사고 싶어서

30. 들은 내용과 같은 것을 고르십시오. (4점)

    ① 남자의 할머니는 분홍색을 좋아합니다.

    ② 남자는 할머니 생신 선물로 구두를 살 겁니다.

    ③ 남자와 여자는 오늘 오후에 파티를 할 겁니다.

    ④ 남자는 이번 주 수요일에 여자와 약속이 있습니다.

TOPIK I 읽기(31번~ 70번)

※ [31~33] 무엇에 대한 이야기입니까? <보기>와 같이 알맞은 것을 고르십시오. (각 2점)

보기

덥습니다. 바다에서 수영합니다.

❶ 여름　　　　② 날씨　　　　③ 나이　　　　④ 나라

31.

부모님이 계십니다. 누나도 있습니다.

① 가족　　　　② 형제　　　　③ 이름　　　　④ 친구

32.

지금은 봄입니다. 곧 여름이 옵니다.

① 시간　　　　② 날짜　　　　③ 달력　　　　④ 계절

33.

음악을 자주 듣습니다. 주말에는 피아노를 칩니다.

① 노래　　　　② 취미　　　　③ 직업　　　　④ 평일

※ [34~39] 〈보기〉와 같이 (   )에 들어갈 말로 가장 알맞은 것을 고르십시오.

저는 (   )에 갔습니다. 책을 샀습니다.

① 극장   ❷ 서점   ③ 공원   ④ 세탁

34. (2점)

책상 위에 책(   ) 연필이 있습니다.

① 에   ② 과   ③ 을   ④ 의

35. (2점)

비가 옵니다. 그런데 (   )이 없습니다.

① 공책   ② 안경   ③ 우산   ④ 가방

36. (2점)

학교가 (   ). 그래서 버스를 타고 갑니다.

① 멉니다   ② 작습니다   ③ 가깝습니다   ④ 깨끗합니다

37. (3점)

채소를 (   ) 좋아하지 않습니다.

① 매우   ② 깊이   ③ 무척   ④ 별로

38. (3점)

> 나는 대학생입니다. 한국어를 (   ).

① 적습니다   ② 빌립니다   ③ 배웁니다   ④ 돕습니다

39. (2점)

> 날씨가 춥습니다. 눈도 (   ).

① 옵니다   ② 붑니다   ③ 줍니다   ④ 놉니다

※ **[40~42] 다음을 읽고 맞지 <u>않는</u> 것을 고르십시오. (각 3점)**

40.

봄 학기 한국어 수업 시간 안내

과목	요일	시간	장소
한국어 말하기	월, 수, 금	09:00-10:30	103호
한국어 듣기	월, 수, 금	11:00-12:30	103호
한국어 쓰기	화, 목	09:00-10:30	105호
한국어 읽기	화, 목	11:00-12:30	105호

① 봄 학기에는 네 과목을 수업합니다.

② '한국어 듣기'와 '한국어 쓰기'는 같은 요일에 수업합니다.

③ '한국어 말하기'와 '한국어 쓰기'는 같은 시간에 수업합니다.

④ '한국어 쓰기'와 '한국어 읽기'는 같은 장소에서 수업합니다.

41.

① 모자의 가격은 모두 같습니다.

② 이 사람은 모자를 팔고 싶습니다.

③ 이 사람이 모자를 직접 만들었습니다.

④ 모자를 사고 싶으면 우리공원으로 갑니다.

42.

① 민국 씨는 식당에 있습니다.

② 민국 씨는 5분 후에 도착할 겁니다.

③ 제임스 씨는 민국 씨를 만날 겁니다.

④ 제임스 씨는 식당 앞에서 기다릴 겁니다.

※ **[43~45] 다음을 읽고 내용이 같은 것을 고르십시오.**

43. (3점)

> 저녁에 친구를 만났습니다. 친구와 저녁을 먹고 영화를 보았습니다. 영화가 늦게 끝났습니다.

① 친구만 영화를 보았습니다.
② 영화가 일찍 시작했습니다.
③ 저녁을 먹고 친구를 만났습니다.
④ 친구와 늦게까지 함께 있었습니다.

44. (2점)

> 오늘은 동생 생일입니다. 동생에게 축하 편지를 썼습니다. 그리고 모자를 사 주었습니다.

① 동생 생일은 어제였습니다.
② 저는 생일 선물을 받았습니다.
③ 동생에게 모자를 선물했습니다.
④ 동생이 저에게 편지를 썼습니다.

45. (3점)

> 저는 요리를 잘합니다. 맛있는 음식을 해서 친구들을 가끔 초대합니다. 친구들이 맛있게 먹으면 기분이 좋습니다.

① 친구는 맛있게 요리를 합니다.
② 저는 요리하는 것이 어렵습니다.
③ 저는 친구들에게 음식을 해 줍니다.
④ 저는 맛있는 음식을 먹으면 기분이 좋습니다.

※ [46~48] 다음을 읽고 중심 내용을 고르십시오.

46. (3점)

> 저는 오늘 무척 바쁩니다. 오전에는 학교에 가서 수업을 듣고, 오후에는 편의점에서 아르바이트를 합니다. 저녁에는 친구를 만나러 갈 겁니다.

① 오후에 일을 합니다.

② 오전에 학교에 갑니다.

③ 저는 오늘 할 일이 많습니다.

④ 저녁에 친구와 약속이 있습니다.

47. (3점)

> 저는 주말마다 친구들과 야구를 합니다. 야구가 끝나면 함께 저녁을 먹습니다. 친구들과 운동을 하면 더욱 친해질 수 있습니다.

① 저는 야구를 잘합니다.

② 저는 매주 야구를 합니다.

③ 운동을 하고 저녁을 먹습니다.

④ 운동을 통해 친구들과 친해집니다.

48. (2점)

> 지선 씨는 활발히 활동하는 것을 좋아합니다. 은정 씨는 조용히 생각하는 것을 좋아합니다. 그러나 둘은 매우 친합니다.

① 지선 씨는 활발합니다.

② 은정 씨는 조용합니다.

③ 지선 씨와 은정 씨는 함께 자주 어울립니다.

④ 지선 씨와 은정 씨는 성격이 다르지만 친합니다.

> 저는 수학 선생님입니다. 학교에서 학생들을 가르칩니다. 수업 시간이 끝나면 학생들의 숙제를 검사합니다. 또 다음날 (㉠) 내용도 준비합니다. 방학에는 가끔 여행을 갑니다.

49. ㉠에 들어갈 말로 가장 알맞은 것을 고르십시오.

① 가르칠   ② 가르친
③ 가르쳤던   ④ 가르쳤을

50. 윗글의 내용과 같은 것을 고르십시오.

① 저는 수학을 배웁니다.
② 저는 방학마다 여행을 갑니다.
③ 저는 학교에 갈 준비를 합니다.
④ 저는 학생들에게 숙제를 내 줍니다.

※ [51~52] 다음을 읽고 물음에 답하십시오.

> 김치는 종류도 다양하고, 맛도 다양합니다. 계절마다 다른 채소를 (㉠) 김치를 담그기 때문입니다. 지역에 따라서도 담그는 김치 종류가 다릅니다. 또, 같은 김치도 집집마다 담그는 방법이 달라 맛이 다릅니다. 한국에서 여러 김치를 맛보는 것도 좋은 경험이 될 수 있습니다.

51. ㉠에 들어갈 말로 가장 알맞은 것을 고르십시오. (3점)

① 이용해서 　　　　　　　② 이용해도

③ 이용하고 　　　　　　　④ 이용하면

52. 윗글의 내용과 같은 것을 고르십시오. (2점)

① 김치는 다 같은 맛을 냅니다.

② 김치 종류는 지역에 따라 다릅니다.

③ 집에서 담근 김치가 제일 맛있습니다.

④ 한국에서 다양한 종류의 김치를 먹을 수 없습니다.

> 한글은 세종대왕이 만드셨습니다. 한글의 모음은 사람과 땅과 하늘을 의미합니다. 한글의 자음은 목구멍과 입과 같은 발음 기관의 모양을 따라 만들어졌습니다. 그래서 한글은 소리나는 것은 모두 (㉠) 수 있습니다. 또 누구나 쉽게 글자를 배울 수 있습니다.

53. ㉠에 들어갈 말로 가장 알맞은 것을 고르십시오. (2점)

① 들을   ② 부를

③ 적을   ④ 걸을

54. 윗글의 내용과 같은 것을 고르십시오. (3점)

① 한글은 배우기 어렵습니다.

② 한글을 만든 사람은 누군지 모릅니다.

③ 한글의 모음은 사람 모양과 비슷합니다.

④ 한글의 자음은 발음 기관을 본떠 만들었습니다.

> 저희 집 앞에는 전통 시장이 있습니다. 전통 시장에서는 신선한 재료를 싼 값에 팝니다. 떡볶이와 치킨과 같은 맛있는 음식도 만들어 팝니다. 시장에서 열심히 일하시는 분들을 보면 저도 힘이 납니다. (㉠) 물건을 사지 않아도 가끔 시장 구경을 갑니다. 저는 전통 시장이 좋습니다.

55. ㉠에 들어갈 말로 가장 알맞은 것을 고르십시오. (2점)

① 그러면   ② 그러나

③ 그래도   ④ 그래서

56. 윗글의 내용과 같은 것을 고르십시오. (3점)

① 전통 시장은 값이 쌉니다.

② 저는 시장에서 일을 합니다.

③ 전통 시장은 저희 집과 멉니다.

④ 저는 물건을 살 때만 전통 시장에 갑니다.

57. (3점)

> (가) 인터넷이 발달되었기 때문입니다.
>
> (나) 그러나 요즘에는 집에서도 쉽게 알 수 있습니다.
>
> (다) 옛날에는 다른 나라의 소식을 알기 어려웠습니다.
>
> (라) 그래서 다른 나라에 사는 친구들과도 인터넷을 통해 사귈 수 있습니다.

① (가)-(나)-(다)-(라)　　　　　② (가)-(라)-(나)-(다)

③ (다)-(나)-(가)-(라)　　　　　④ (다)-(라)-(가)-(나)

58. (2점)

> (가) 지난 주말에 친구들과 여행을 갔습니다.
>
> (나) 그때 어떤 아저씨께서 길을 알려 주셨습니다.
>
> (다) 길을 쉽게 찾게 되어서 정말 다행이었습니다.
>
> (라) 그런데 버스를 잘못 타서 길을 잃어버렸습니다.

① (가)-(나)-(다)-(라)　　　　　② (가)-(라)-(나)-(다)

③ (다)-(가)-(나)-(라)　　　　　④ (다)-(라)-(가)-(나)

> 산에는 다양한 식물과 동물이 살고 있습니다. (㉠) 그런데 어떤 사람들은 산에 있는 식물과 동물을 집으로 가져오기도 합니다. (㉡) 산에 먹을 것이 없으면 동물들이 죽을 수 있습니다. (㉢) 산에 있는 식물과 동물을 산에 살게 하는 것도 자연을 지키는 것입니다. (㉣) 우리의 작은 행동이 자연을 지킬 수 있습니다.

59. 다음 문장이 들어갈 곳으로 가장 알맞은 것을 고르십시오. (2점)

> 그러면 산에 사는 동물들이 먹을 것을 찾을 수 없게 됩니다.

① ㉠   ② ㉡   ③ ㉢   ④ ㉣

60. 윗글의 내용과 같은 것을 고르십시오. (3점)

① 산에는 동물만 살고 있습니다.

② 산에는 많은 종류의 식물이 살고 있습니다.

③ 자연을 지키는 일은 아무나 할 수 없습니다.

④ 산에 있는 식물을 집으로 가져오는 사람은 없습니다.

> 어제는 친구의 생일이었습니다. 그래서 친구에게 친구의 사진을 넣은 컵을 만들어 주었습니다. 그 컵은 세상에 (㉠) 없습니다. 친구가 컵을 보고 무척 좋아했습니다. 저도 그런 친구를 보고 기분이 좋았습니다. 친구가 항상 행복하면 좋겠습니다.

61. ㉠에 들어갈 말로 가장 알맞은 것을 고르십시오.

① 하나만　　　　　　　　② 하나씩
③ 하나밖에　　　　　　　④ 하나만큼

62. 윗글의 내용과 같은 것을 고르십시오.

① 친구의 생일은 지났습니다.
② 친구는 컵을 만들었습니다.
③ 친구와 함께 사진을 찍었습니다.
④ 친구는 언제나 기분이 좋습니다.

※ [63~64] 다음을 읽고 물음에 답하십시오.

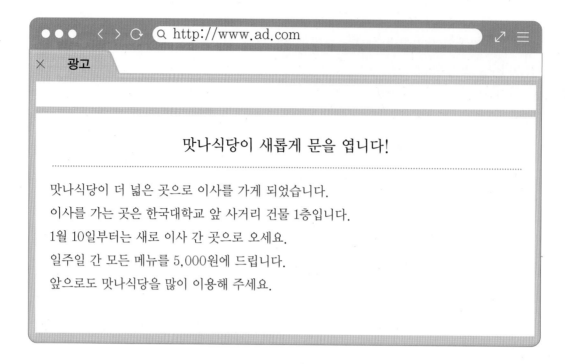

63. 왜 윗글을 썼는지 맞는 것을 고르십시오. (2점)

① 맛나식당의 문을 닫으려고

② 맛나식당의 메뉴를 알리려고

③ 맛나식당의 가격을 올리려고

④ 맛나식당의 이사 소식을 알리려고

64. 윗글의 내용과 같은 것을 고르십시오. (3점)

① 1월 9일에는 맛나식당이 이사 간 곳으로 가면 됩니다.

② 맛나식당은 한국대학교에서 멀리 떨어진 곳에 있습니다.

③ 1월 15일에는 맛나식당에서 오천 원에 밥을 먹을 수 있습니다.

④ 앞으로 맛나식당의 메뉴는 언제나 5,000원에 먹을 수 있습니다.

> 잠자기 전에 휴대폰을 사용하면 잠들기까지 시간이 오래 걸립니다. 또 깊이 (㉠) 수 없습니다. 휴대폰에서 나오는 빛 때문입니다. 따라서 다음날 더 피곤함을 느낍니다. 이것은 건강에 좋지 않습니다. 그러므로 잠자기 전에는 휴대폰을 사용하지 않는 것이 좋습니다.

65. ㉠에 들어갈 말로 가장 알맞은 것을 고르십시오. (2점)

① 쉴   ② 깰
③ 잠들   ④ 만날

66. 윗글의 내용과 같은 것을 고르십시오. (3점)

① 휴대폰을 오래 사용하면 피곤합니다.
② 휴대폰의 빛은 잠을 못 들게 합니다.
③ 잠을 많이 자면 건강에 좋지 않습니다.
④ 잠자기 전에 휴대폰을 사용하면 잠이 잘 옵니다.

> 커피는 많은 사람이 좋아하는 음료입니다. 커피를 마시면 정신이 맑아지고 스트레스가 줄어듭니다. 운동 전에 커피를 (㉠) 운동을 할 때 더 많은 힘을 낼 수 있습니다. 또 입 안의 냄새도 나지 않게 합니다. 그렇지만 커피를 너무 많이 마시면, 밤에 깊게 잠을 잘 수 없습니다. 그래서 하루에 3잔 이상 마시지 않는 것이 좋습니다.

67. ㉠에 들어갈 말로 가장 알맞은 것을 고르십시오.

① 마셔도   ② 마시니

③ 마시고   ④ 마시면

68. 윗글의 내용과 같은 것을 고르십시오.

① 커피가 입 냄새를 나게 합니다.

② 커피를 좋아하는 사람들은 많지 않습니다.

③ 커피를 5잔 마시면 밤에 잠을 잘 잘 수 있습니다.

④ 스트레스를 받을 때 커피를 마시면 도움이 됩니다.

아이들이 미래에 하고 싶은 직업을 체험해 볼 수 있는 곳이 있습니다. 다른 곳에서는 쉽게할 수 없는 일들을 해 볼 수 있기 때문에 (㉠). 아이들은 이곳에서 소방관이 되어 직접 불을 꺼 볼 수도 있고, 요리사가 되어 음식을 만들어 볼 수도 있습니다. 또, 의사가 되어 보거나 영화배우가 되어 볼 수도 있습니다. 여러 직업을 해 보면 자신이 정말 하고 싶은 일을 찾는 것에 도움이 됩니다.

69. ㉠에 들어갈 말로 가장 알맞은 것을 고르십시오.

① 인기가 없습니다   ② 인기가 높습니다

③ 어렵지 않습니다   ④ 어렵게 느껴집니다

70. 윗글의 내용으로 알 수 있는 것을 고르십시오.

① 점점 더 많은 아이들이 이곳을 찾습니다.

② 아이들은 소방관이 하는 일을 보기만 합니다.

③ 아이들은 자신이 원하는 직업을 체험해 볼 수 있습니다.

④ 아이들은 이곳에서 한 가지 직업만 체험해 볼 수 있습니다.

제2회
실전 모의고사

한국어능력시험 I
(초급)

듣기, 읽기

수험번호(Registration No.)		
이름 (Name)	한국어(Korean)	
	영 어(English)	

유 의 사 항
Information

1. 시험 시작 지시가 있을 때까지 문제를 풀지 마십시오.
   Do not open the booklet until you are allowed to start.

2. 수험번호와 이름을 정확하게 적어 주십시오.
   Write your name and registration number on the answer sheet.

3. 답안지를 구기거나 훼손하지 마십시오.
   Do not fold the answer sheet; keep it clean.

4. 답안지의 이름, 수험번호 및 정답의 기입은 배부된 펜을 사용하여 주십시오.
   Use the given pen only.

5. 정답은 답안지에 정확하게 표시하여 주십시오.
   Mark your answer accurately and clearly on the answer sheet.

   marking example

6. 문제를 읽을 때에는 소리가 나지 않도록 하십시오.
   Keep quiet while answering the questions.

7. 질문이 있을 때에는 손을 들고 감독관이 올 때까지 기다려 주십시오.
   When you have any questions, please raise your hand.

※ [1~4] 다음을 듣고 〈보기〉와 같이 물음에 맞는 대답을 고르십시오.

보기

> 가: 공부를 해요?
> 나: _____

❶ 네, 공부를 해요.　　　　② 아니요, 공부예요.

③ 네, 공부가 아니에요.　　④ 아니요, 공부를 좋아해요.

1. (4점)

① 네, 시간이에요.　　　　② 네, 시간이 왔어요.

③ 아니요, 시간이 없어요.　　④ 아니요, 시간이 많아요.

2. (4점)

① 네, 머리가 길어요.　　　　② 네, 머리가 있어요.

③ 아니요, 머리가 없어요.　　④ 아니요, 머리가 작아요.

3. (3점)

① 3층이에요.　　　　② 10분 후예요.

③ 만 원이에요.　　　④ 공포 영화예요.

4. (3점)

① 형이에요.　　　　② 동생이 찍었어요.

③ 작년에 찍었어요.　　④ 가족사진이에요.

※ [5~6] 다음을 듣고 〈보기〉와 같이 이어지는 말을 고르십시오.

보기

가: 늦어서 미안해요.
나: _____

① 고마워요.   ❷ 아니에요.
③ 죄송해요.   ④ 부탁해요.

5. (4점)

① 미안해요.   ② 잘 먹을게요.
③ 그러지 마세요.   ④ 그렇게 해 볼게요.

6. (3점)

① 네, 반가워요.   ② 네, 잘 부탁해요.
③ 네, 다시 걸게요   ④ 네, 제가 이혜진인데요.

※ [7~10] 여기는 어디입니까? 〈보기〉와 같이 알맞은 것을 고르십시오.

보기

가: 어서 오세요.
나: 여기 수박 있어요?

① 학교   ② 약국   ❸ 시장   ④ 서점

7. (3점)

① 빵집   ② 공원   ③ 병원   ④ 약국

8. (3점)

① 꽃집   ② 학교   ③ 안내소   ④ 옷 가게

9. (3점)

① 시장   ② 가게   ③ 미술관   ④ 문구점

10. (4점)

① 비행기   ② 터미널   ③ 여행사   ④ 우체국

※ [11~14] 다음은 무엇에 대해 말하고 있습니까? 〈보기〉와 같이 알맞은 것을 고르십시오.

보기

가: 누구예요?
나: 이 사람은 형이고, 이 사람은 동생이에요.

❶ 가족   ② 이름   ③ 선생님   ④ 부모님

11. (3점)

① 값   ② 비   ③ 날짜   ④ 과일

12. (3점)

① 시간   ② 취미   ③ 직업   ④ 운동

13. (4점)

① 휴일   ② 계획   ③ 음식   ④ 건강

14. (3점)

① 집   ② 돈   ③ 이사   ④ 가구

15. ①  ②

③  ④

16. ①  ②

③ 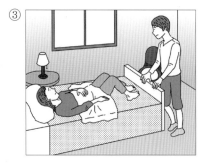 ④

보기

가: 요즘 한국어를 공부해요?

나: 네. 한국 친구한테서 한국어를 배워요.

① 남자는 학생입니다.

② 여자는 학교에 다닙니다.

③ 남자는 한국어를 가르칩니다.

❹ 여자는 한국어를 공부합니다.

17. ① 여자는 등산을 좋아하지 않습니다.

② 남자는 매주 토요일에 등산을 합니다.

③ 남자는 산에 올라가는 것을 좋아하지 않습니다.

④ 두 사람은 토요일에 비가 오면 집에 있을 겁니다.

18. ① 남자는 어제 여자와 점심을 먹었습니다.

② 여자는 병원에 가서 치료를 받을 겁니다.

③ 여자는 어제 점심시간에 많이 바빴습니다.

④ 남자는 여자의 병을 치료해 주려고 합니다.

19. ① 남자는 영화배우입니다.

② 여자는 성우가 되고 싶습니다.

③ 남자는 여자와 영화를 볼 겁니다.

④ 여자는 만화 영화를 만들고 싶습니다.

20. ① 여자는 휴가 때 여행을 다녀왔습니다.

② 남자는 중요한 일을 처리해서 좋습니다.

③ 여자는 남자와 함께 휴가를 보냈습니다.

④ 남자는 몸이 아파서 여행을 취소했습니다.

※ [17~21] 다음을 듣고 〈보기〉와 같이 대화 내용과 같은 것을 고르십시오. (각 3점)

21. ① 남자는 휴대폰을 새로 사고 싶습니다.
    ② 여자는 내일 오후 5시에 다시 올 겁니다.
    ③ 여자는 휴대폰을 바닥에 떨어뜨렸습니다.
    ④ 남자는 휴대폰을 물과 수건으로 닦을 겁니다.

※ [22~24] 다음을 듣고 <u>여자</u>의 중심 생각을 고르십시오. (각 3점)

22. ① 물감은 새것이 좋습니다.
    ② 물건은 최대한 아껴 써야 합니다.
    ③ 물건은 한꺼번에 많이 사 두어야 합니다.
    ④ 중요한 물건은 미리 준비해 두어야 편리합니다.

23. ① 시골에는 노인 시설이 필요합니다.
    ② 공기가 좋은 시골에서 살고 싶습니다.
    ③ 젊은 사람들은 도시에서 살아야 합니다.
    ④ 도시에는 병원과 노인 시설이 없어서 불편합니다.

24. ① 시계를 꼭 가지고 다녀야 합니다.
    ② 늦을 때는 기다리지 않아도 됩니다.
    ③ 늦을 때는 미리 연락을 해야 합니다.
    ④ 어른이 되면 걱정하지 않아도 됩니다.

※ **[25～26] 다음을 듣고 물음에 답하십시오.**

25. 여자가 왜 이 이야기를 하고 있는지 고르십시오. (3점)

    ① 상품을 광고하려고   ② 상품을 주문하려고
    ③ 잃어버린 물건을 찾아 주려고   ④ 안내데스크 위치를 알려 주려고

26. 들은 내용과 같은 것을 고르십시오. (4점)

    ① 식품 코너는 2층에 있습니다.
    ② 지갑의 색깔은 검은색입니다.
    ③ 지갑 안에는 아무것도 들어 있지 않습니다.
    ④ 지갑의 주인은 2층 안내데스크로 가면 됩니다.

※ **[27～28] 다음을 듣고 물음에 답하십시오.**

27. 두 사람이 무엇에 대해 이야기를 하고 있는지 고르십시오. (3점)

    ① 주말에 하는 일
    ② 사진을 찍는 방법
    ③ 친구들과 만나는 장소
    ④ 스트레스를 푸는 방법

28. 들은 내용과 같은 것을 고르십시오. (4점)

    ① 여자의 취미는 등산입니다.
    ② 여자는 일요일마다 사진을 찍습니다.
    ③ 여자는 사진을 찍어서 판매할 겁니다.
    ④ 여자는 남자와 주말에 만나기로 했습니다.

29. 여자는 남자에게 전화를 한 이유를 고르십시오. (3점)

① 세탁소를 광고하려고

② 셔츠 사이즈를 확인하려고

③ 세탁을 끝낸 옷을 배달하려고

④ 셔츠가 망가져서 새것으로 사 주려고

30. 들은 내용과 같은 것을 고르십시오. (4점)

① 남자의 집에는 오전에 아무도 없습니다.

② 여자는 남자에게 셔츠 살 돈을 줄 겁니다.

③ 여자는 백화점에 가서 새 셔츠를 살 겁니다.

④ 남자는 내일 오후에 중요한 모임이 있습니다.

※ [31~33] 무엇에 대한 이야기입니까? 〈보기〉와 같이 알맞은 것을 고르십시오. (각 2점)

보기

덥습니다. 바다에서 수영합니다.

❶ 여름   ② 날씨   ③ 나이   ④ 나라

31.

오늘은 비가 옵니다. 춥습니다.

① 날씨   ② 방학   ③ 계절   ④ 우산

32.

저는 이지은입니다. 이 사람은 토니입니다.

① 학생   ② 나이   ③ 이름   ④ 나라

33.

오늘은 3월 20일입니다. 내일은 3월 21일입니다.

① 생일   ② 날짜   ③ 하루   ④ 요일

※ [34~39] 〈보기〉와 같이 (   )에 들어갈 말로 가장 알맞은 것을 고르십시오.

저는 (   )에 갔습니다. 책을 샀습니다.

① 극장   ❷ 서점   ③ 공원   ④ 세탁

34. (2점)

호연이가 재경이(   ) 키가 큽니다.

① 보다   ② 부터   ③ 한테   ④ 랑

35. (2점)

날씨가 흐립니다. (   )이 많습니다.

① 눈   ② 바람   ③ 구름   ④ 하늘

36. (2점)

목이 마릅니다. 물을 (   ).

① 닦습니다   ② 놓습니다   ③ 마십니다   ④ 그립니다

37. (3점)

친구가 약속에 늦습니다. 친구를 (   ).

① 기다립니다   ② 돌아갑니다   ③ 물어봅니다   ④ 지나갑니다

38. (3점)

> 과일을 좋아합니다. 그중에서 바나나를 (   ) 좋아합니다.

① 별로   ② 전혀   ③ 아직   ④ 제일

39. (2점)

> 청소를 자주 합니다. 그래서 (   ).

① 건강합니다   ② 깨끗합니다
③ 복잡합니다   ④ 심심합니다

※ [40~42] 다음을 읽고 맞지 <u>않는</u> 것을 고르십시오. (각 3점)

40.

4월	
4/월	동연 씨와 저녁 약속
5/화	한국어 수업
6/수	동생 생일
7/목	한국어 수업
8/금	윤하 씨와 등산
9/토	한국어 수업
10/일	쇼핑

① 금요일에 등산을 합니다.

② 4월 6일은 동생 생일입니다.

③ 주말에 저녁 약속이 있습니다.

④ 한국어 수업은 일주일에 세 번 있습니다.

※ [40~42] 다음을 읽고 맞지 <u>않는</u> 것을 고르십시오. (각 3점)

42.

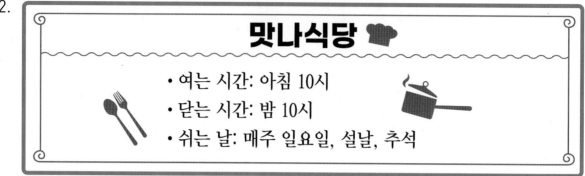

① 추석에는 식당이 쉽니다.

② 맛나식당은 아침 10시에 문을 엽니다.

③ 일요일에 맛나식당에 가면 밥을 먹을 수 없습니다.

④ 밤 11시에 맛나식당에 가면 밥을 먹을 수 있습니다.

41.

① 현주 씨는 은행에 갑니다.

② 은영 씨는 점심을 먹습니다.

③ 현주 씨는 한 시에 회사에 갑니다.

④ 은영 씨가 현주 씨에게 문자를 보냈습니다.

※ [43~45] 다음을 읽고 내용이 같은 것을 고르십시오.

43. (3점)

> 저는 매일 아침 수영을 하고 학교에 갑니다. 오후에는 수업을 듣고, 도서관에서 공부를 합니다. 저녁에는 친구를 만나거나 아르바이트를 갑니다.

① 저는 아침마다 수영을 합니다.

② 저는 저녁에 도서관에 갑니다.

③ 저는 친구와 아르바이트를 합니다.

④ 저는 도서관에서 공부를 하고 수업을 듣습니다.

44. (2점)

> 떡볶이는 맵지만 맛있습니다. 한국에 처음 왔을 때는 매워서 먹지 못했습니다. 그러나 지금은 떡볶이를 제일 좋아합니다.

① 떡볶이는 맵지 않습니다.

② 이제는 떡볶이를 잘 먹습니다.

③ 저는 지금도 떡볶이를 먹지 못합니다.

④ 저는 처음부터 떡볶이를 잘 먹었습니다.

45. (3점)

> 누나와 같이 도서관에 갔습니다. 누나는 누나가 읽고 싶던 소설책을 찾았습니다. 그러나 그 책은 다른 사람이 빌려 갔습니다.

① 누나는 소설책을 빌렸습니다.

② 누나는 소설책을 돌려주었습니다.

③ 누나는 소설책을 읽고 싶었습니다.

④ 누나는 소설책을 사고 싶었습니다.

※ [46~48] 다음을 읽고 중심 내용을 고르십시오.

46. (3점)

저는 일본 사람이지만 한국에 살고 있습니다. 가족과 매일 전화 통화를 합니다. 그렇지만 가족이 많이 보고 싶습니다.

① 저는 일본 사람입니다.
② 저는 가족이 그립습니다.
③ 저는 한국에 살고 있습니다.
④ 저는 가족과 매일 연락합니다.

47. (3점)

저는 만화를 좋아합니다. 만화를 보면 재미있는 생각을 할 수 있고, 기분이 좋아집니다. 그래서 기분이 좋지 않거나 심심할 때 만화를 자주 봅니다.

① 저는 기분이 좋습니다.
② 저는 재미있는 사람입니다.
③ 저는 만화를 보면 재미없습니다.
④ 저는 만화 보는 것이 즐겁습니다.

48. (2점)

저는 커피를 많이 마십니다. 그래서 밤에 잠을 깊이 자지 못합니다. 커피 양을 줄여야겠습니다.

① 저는 잠이 부족합니다.
② 저는 커피를 좋아합니다.
③ 이제 커피를 조금만 마실 겁니다.
④ 특히 밤에 커피를 많이 마십니다.

> 버스를 타고 서울을 돌아보는 '서울 버스 여행'이 있습니다. 이 여행은 원하는 관광지
> 에 내려 자유로운 시간을 보내고 다른 관광지로 버스를 타고 가는 여행입니다. 이 여행
> 은 버스를 타고 다니기 때문에 매우 편합니다. 또 원하는 만큼 관광지에서 시간을 보낼
> 수 있습니다. 버스에서 내리지 않아도 서울의 관광지를 (㉠) 수 있습니다.

49. ㉠에 들어갈 말로 가장 알맞은 것을 고르십시오.

　① 쓸　　　　　　　　　② 볼

　③ 먹을　　　　　　　　④ 말할

50. 윗글의 내용과 같은 것을 고르십시오.

　① '서울 버스 여행'의 좋은 점

　② '서울 버스 여행'에서 할 수 없는 것

　③ '서울 버스 여행'에서 갈 수 있는 곳

　④ '서울 버스 여행'을 갈 수 있는 시간

※ **[51~52] 다음을 읽고 물음에 답하십시오.**

> 나무나 꽃이 크기 위해서는 햇빛이 필요합니다. 우리 몸도 건강하기 위해서는 햇빛이 꼭 필요합니다. 우리 몸에 햇빛이 (㉠) 뼈가 약해집니다. 또 기분이 안 좋아지기도 합니다. 그래서 아침이나 낮에 바깥에서 운동을 하면 좋습니다.

51. ㉠에 들어갈 말로 가장 알맞은 것을 고르십시오. (3점)

① 부족해서　　　　　　　② 부족하고

③ 부족하나　　　　　　　④ 부족하면

52. 무엇에 대한 내용인지 맞는 것을 고르십시오. (2점)

① 운동을 하는 이유　　　② 나무가 크는 방법

③ 햇빛이 중요한 이유　　④ 기분이 좋아지는 방법

> 저는 한국 드라마를 좋아합니다. 그래서 한국 드라마를 보며 한국어를 공부했습니다. 드라마를 보면 한국 사람들이 하는 말을 배울 수 있습니다. 자연스러운 발음을 따라 연습할 수 있습니다. 사람들이 하는 말도 더 잘 들리게 됩니다. 무엇보다 (㉠) 재미있습니다.

53. ㉠에 들어갈 말로 가장 알맞은 것을 고르십시오. (2점)

　① 드라마로 춤을 배우면　　　　② 드라마로 공부를 하면
　③ 한국어로 이야기를 하면　　　④ 한국어로 노래를 부르면

54. 윗글의 내용과 같은 것을 고르십시오. (3점)

　① 한국 드라마를 보는 것은 자연스럽습니다.
　② 한국 드라마를 보는 사람들은 말이 많습니다.
　③ 한국 드라마를 보는 사람은 귀가 잘 들립니다.
　④ 한국 드라마를 보는 것은 한국어 공부에 도움이 됩니다.

> 김밥에는 종류가 많습니다. 김밥 속에 넣는 재료에 따라 종류가 달라지기 때문입니다. 자기가 좋아하는 재료를 많이 넣을 수 있습니다. (㉠) 재료가 들어 있기 때문에 맛이 좋습니다. 또 건강에도 좋습니다. 그래서 김밥은 많은 사람들이 좋아하는 음식입니다.

55. ㉠에 들어갈 말로 가장 알맞은 것을 고르십시오. (2점)

① 어느   ② 여러

③ 무슨   ④ 저런

56. 윗글의 내용과 같은 것을 고르십시오. (3점)

① 김밥은 몸에 좋지 않습니다.

② 김밥은 맛이 모두 똑같습니다.

③ 김밥에 넣는 재료는 다양합니다.

④ 김밥을 싫어하는 사람이 많습니다.

57. (3점)

> (가) 사계절이 뚜렷하기 때문입니다.
> (나) 한국의 과일은 무척 달고 맛있습니다.
> (다) 또, 계절마다 나오는 과일이 다릅니다.
> (라) 그래서 다양한 과일을 맛볼 수 있습니다.

① (가)-(다)-(라)-(나) ② (가)-(라)-(나)-(다)
③ (나)-(가)-(다)-(라) ④ (나)-(라)-(가)-(다)

58. (2점)

> (가) 사람들이 건강에 관심이 많아졌습니다.
> (나) 또, 운동을 매일 하는 것도 중요합니다.
> (다) 그래서 건강에 대한 정보를 많이 찾습니다.
> (라) 건강하기 위해서는 무엇보다 몸에 좋은 음식을 다양하게 먹는 것이 중요합니다.

① (가)-(나)-(다)-(라) ② (가)-(다)-(라)-(나)
③ (라)-(가)-(다)-(나) ④ (라)-(나)-(다)-(가)

※ [59~60] 다음을 읽고 물음에 답하십시오.

> 저희 집은 다음 달에 이사를 합니다. (㉠) 그런데 아직 쓸 수 있는 물건이 많았습니다. (㉡) 이 물건들은 인터넷으로 싼 값에 팔려고 합니다. (㉢) 그러면 필요한 사람들이 이 물건을 살 것입니다. (㉣) 물건을 팔기 전에 물건을 깨끗이 닦아야겠습니다.

59. 다음 문장이 들어갈 곳으로 가장 알맞은 것을 고르십시오. (2점)

> 그래서 미리 안 쓰는 물건들을 정리했습니다.

① ㉠   ② ㉡   ③ ㉢   ④ ㉣

60. 윗글의 내용과 같은 것을 고르십시오. (3점)

① 저희 집은 이사를 했습니다.

② 물건을 닦지 않아도 됩니다.

③ 인터넷으로 물건을 팔 겁니다.

④ 필요한 물건을 싸게 샀습니다.

> 어제는 형과 함께 박물관에 갔습니다. 박물관에는 유명한 화가의 그림이 있었습니다. 그 그림 앞에는 많은 사람들이 있었습니다. 우리도 그림을 보려고 그림 앞으로 갔습니다. 그 그림은 책에서 (㉠) 훨씬 더 멋있었습니다. 앞으로 책을 볼 때마다 박물관에서 본 그림이 생각날 것 같습니다.

61. ㉠에 들어갈 말로 가장 알맞은 것을 고르십시오.

① 본 것보다   ② 본 것으로

③ 본 것처럼   ④ 본 것까지

62. 윗글의 내용과 같은 것을 고르십시오.

① 박물관에 혼자 갔습니다.

② 박물관에서 책을 읽었습니다.

③ 박물관에서 화가를 만났습니다.

④ 박물관에서 그림을 보았습니다.

※ **[63~64] 다음을 읽고 물음에 답하십시오.**

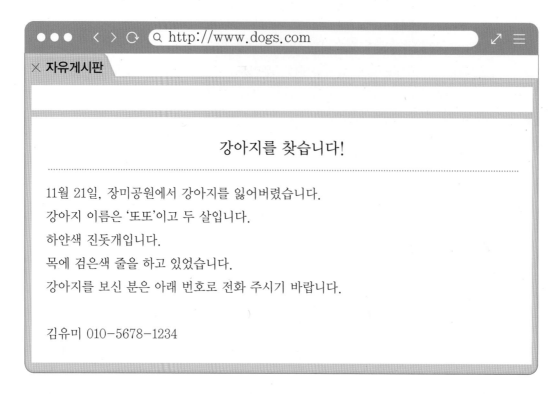

63. 왜 윗글을 썼는지 맞는 것을 고르십시오. (2점)

① 강아지를 사려고　　　　　　② 강아지를 찾으려고

③ 강아지와 산책을 가려고　　　④ 강아지 생일을 알려 주려고

64. 윗글의 내용과 같은 것을 고르십시오. (3점)

① 강아지는 장미를 좋아합니다.　　② 강아지는 장미공원에서 삽니다.

③ 강아지는 검정 옷을 입고 있습니다.　④ 강아지 주인의 이름은 김유미입니다.

> 요즘에는 필요한 물건을 직접 만들어 쓰는 사람들이 많습니다. 물건을 만들기 위해서는 시간과 노력이 필요합니다. 그러나 물건을 직접 만들면 내가 원하는 모양과 크기에 꼭 맞게 (㉠) 수 있습니다. 만들어진 물건을 사는 것보다 가격도 쌉니다. 또, 직접 만들었기 때문에 더 소중하게 느껴집니다.

65. ㉠에 들어갈 말로 가장 알맞은 것을 고르십시오. (2점)

① 살   ② 만들

③ 필요할   ④ 소중할

66. 윗글의 내용과 같은 것을 고르십시오. (3점)

① 필요한 물건은 금방 만들 수 있습니다.

② 내가 만든 물건은 크기가 모두 똑같습니다.

③ 만들어진 물건은 내가 만든 것보다 가격이 비쌉니다.

④ 요즘에는 물건을 시장에서 직접 사는 사람들이 많습니다.

※ **[67~68] 다음을 읽고 물음에 답하십시오. (각 3점)**

> 해마다 부산에서는 '부산국제영화제'를 합니다. '부산국제영화제'에서는 세계 여러 나라의 영화를 볼 수 있습니다. 또 유명한 배우와 감독들도 만날 수 있습니다. '부산국제영화제'를 즐기면서 부산 여행을 할 수도 있습니다. 부산에는 멋진 바다도 있고, 구경할 것도 많기 때문입니다. 그래서 내년에는 친구들과 '부산국제영화제'에 (㉠).

67. ㉠에 들어갈 말로 가장 알맞은 것을 고르십시오.

① 갔습니다   ② 가 봅니다

③ 갈 것입니다   ④ 가게 됩니다

68. 윗글의 내용과 같은 것을 고르십시오.

① 부산에는 볼 것이 없습니다.

② '부산국제영화제'에는 배우들도 참여합니다.

③ 가족들과 '부산국제영화제'에 가고 싶습니다.

④ 작년에는 '부산국제영화제'를 하지 않았습니다.

> 수업 시간 전에는 엘리베이터에 사람이 많아서 오래 기다려야 합니다. 그런데 한국어 수업을 듣는 교실은 5층에 있습니다. 어제는 엘리베이터를 기다리다가 계단으로 걸어 올라갔습니다. 조금 힘은 들었지만 운동이 되는 것 같았습니다. 그래서 앞으로도 계속 계단으로 (㉠). 그러면 건강에도 좋을 것입니다.

69. ㉠에 들어갈 말로 가장 알맞은 것을 고르십시오.

① 운동할 겁니다   ② 다니려고 합니다

③ 다니지 않겠습니다   ④ 운동하고 있습니다

70. 윗글의 내용으로 알 수 있는 것을 고르십시오.

① 한국어 수업을 듣는 학생이 많습니다.

② 건강을 위해서 계단을 이용하는 사람이 많습니다.

③ 이제 수업에 갈 때 엘리베이터를 타지 않을 겁니다.

④ 엘리베이터를 오래 기다리면 수업에 지각을 하게 됩니다.

제3회
실전 모의고사

한국어능력시험 I
(초급)

듣기, 읽기

수험번호(Registration No.)		
이름 (Name)	한국어(Korean)	
	영 어(English)	

유 의 사 항
Information

1. 시험 시작 지시가 있을 때까지 문제를 풀지 마십시오.
   Do not open the booklet until you are allowed to start.

2. 수험번호와 이름을 정확하게 적어 주십시오.
   Write your name and registration number on the answer sheet.

3. 답안지를 구기거나 훼손하지 마십시오.
   Do not fold the answer sheet; keep it clean.

4. 답안지의 이름, 수험번호 및 정답의 기입은 배부된 펜을 사용하여 주십시오.
   Use the given pen only.

5. 정답은 답안지에 정확하게 표시하여 주십시오.
   Mark your answer accurately and clearly on the answer sheet.

   marking example ① ● ③ ④

6. 문제를 읽을 때에는 소리가 나지 않도록 하십시오.
   Keep quiet while answering the questions.

7. 질문이 있을 때에는 손을 들고 감독관이 올 때까지 기다려 주십시오.
   When you have any questions, please raise your hand.

※ [1~4] 다음을 듣고 〈보기〉와 같이 물음에 맞는 대답을 고르십시오.

보기

가: 공부를 해요?

나: _____

❶ 네, 공부를 해요.   ② 아니요, 공부예요.

③ 네, 공부가 아니에요.   ④ 아니요, 공부를 좋아해요.

1. (4점)

① 네, 힘이 세요.   ② 네, 힘이 커요.

③ 아니요, 힘이 들어요.   ④ 아니요, 힘이 작아요.

2. (4점)

① 네, 운동이에요.   ② 네, 운동을 싫어해요.

③ 아니요, 운동이 아니에요.   ④ 아니요, 운동을 안 좋아해요.

3. (3점)

① 2년 살았어요.   ② 친구와 살았어요.

③ 서울에서 살았어요.   ④ 3년 전에 살았어요.

4. (3점)

① 다음에 또 만나요.   ② 부모님과 만나요.

③ 영화관에서 만나요.   ④ 오후 5시에 만나요.

※ [5~6] 다음을 듣고 〈보기〉와 같이 이어지는 말을 고르십시오.

보기

가: 늦어서 미안해요.
나: _____

① 고마워요.　　　　　　　　　　❷ 아니에요.
③ 죄송해요.　　　　　　　　　　④ 부탁해요.

5. (4점)

① 괜찮습니다.　　　　　　　　　② 축하합니다.
③ 어서 오세요.　　　　　　　　　④ 처음 뵙겠습니다.

6. (3점)

① 네, 부탁해요.　　　　　　　　② 네, 알겠어요.
③ 네, 그렇습니다.　　　　　　　④ 네, 알려 주세요.

※ [7~10] 여기는 어디입니까? 〈보기〉와 같이 알맞은 것을 고르십시오.

보기

가: 어서 오세요.
나: 여기 수박 있어요?

① 학교　　　　② 약국　　　　❸ 시장　　　　④ 서점

7. (3점)

① 호텔　　　　② 병원　　　　③ 사진관　　　④ 미용실

8. (3점)

① 가게　　　　② 교실　　　　③ 동물원　　　④ 터미널

9. (3점)

① 산 　　　　② 바다 　　　　③ 운동장 　　　　④ 놀이터

10. (4점)

① 회사 　　　　② 공항 　　　　③ 도서관 　　　　④ 기차역

※ [11~14] 다음은 무엇에 대해 말하고 있습니까? 〈보기〉와 같이 알맞은 것을 고르십시오.

┌─── 보기 ───┐

가: 누구예요?

나: 이 사람은 형이고, 이 사람은 동생이에요.

❶ 가족 　　　　② 이름 　　　　③ 선생님 　　　　④ 부모님

11. (3점)

① 공원 　　　　② 주차 　　　　③ 규칙 　　　　④ 건물

12. (3점)

① 시계 　　　　② 직업 　　　　③ 교통 　　　　④ 지각

13. (4점)

① 책 　　　　② 전공 　　　　③ 계획 　　　　④ 숙제

14. (3점)

① 친구 　　　　② 국적 　　　　③ 이사 　　　　④ 결혼

15. ①  ②

③  ④

16. ①  ②

③  ④

가: 요즘 한국어를 공부해요?

나: 네. 한국 친구한테서 한국어를 배워요.

① 남자는 학생입니다.

② 여자는 학교에 다닙니다.

③ 남자는 한국어를 가르칩니다.

❹ 여자는 한국어를 공부합니다.

17. ① 남자는 한옥마을 직원입니다.

② 여자는 지금 한옥마을에 있습니다.

③ 여자는 남자를 한옥마을로 데려다 주었습니다.

④ 남자는 버스 정류장의 위치를 알려 주었습니다.

18. ① 여자는 약속 장소에 늦게 도착했습니다.

② 두 사람은 약속 시간보다 늦게 만났습니다.

③ 두 사람은 3층 커피숍에서 다시 만날 겁니다.

④ 여자는 지금 김 선생님과 커피숍에 있습니다.

19. ① 여자는 남자에게 책을 선물할 겁니다.

② 여자는 부모님께 책을 보내려고 합니다.

③ 두 사람은 함께 선물을 포장하고 있습니다.

④ 두 사람은 부모님께 드릴 선물을 고르고 있습니다.

20. ① 여자는 영화관 매표소 직원입니다.

② 여자는 영화표 할인 방법을 모릅니다.

③ 남자는 학생증을 가져오지 않았습니다.

④ 남자는 지금 영화관에서 영화를 보고 있습니다.

21. ① 두 사람은 함께 차 안에 있습니다.

    ② 여자는 안전벨트를 매지 않았습니다.

    ③ 남자는 교통사고가 나서 크게 다쳤습니다.

    ④ 남자는 앞으로 안전벨트를 매지 않을 겁니다.

22. ① 축제는 주말에 해야 합니다.

    ② 축제를 하면 길이 막혀서 싫습니다.

    ③ 축제 때문에 도로가 복잡해도 참아야 합니다.

    ④ 축제는 사람이 많은 출퇴근 시간에 해야 합니다.

23. ① 새로운 경험을 할 생각에 기쁩니다.

    ② 익숙하지 않은 외국 생활이 걱정됩니다.

    ③ 시간이 조금 지나면 금방 편해질 겁니다.

    ④ 외국에 살 때에는 외국 음식을 먹어야 합니다.

24. ① 게임은 밤늦게 해야 재미있습니다.

    ② 잠을 늦게 자면 스트레스가 생깁니다.

    ③ 게임을 오래 하면 건강에 좋지 않습니다.

    ④ 게임을 하면 스트레스가 풀려 정신 건강에 좋습니다.

25. 여자가 왜 이 이야기를 하고 있는지 고르십시오. (3점)

    ① 바자회 판매 물건을 모으려고

    ② 바자회 일정과 내용을 안내하려고

    ③ 바자회 공연 참가자를 모집하려고

    ④ 바자회에 어려운 이웃을 초대하려고

26. 들은 내용과 같은 것을 고르십시오. (4점)

    ① 바자회는 학교 운동장에서 열립니다.

    ② 바자회 후에는 먹을거리 장터가 열립니다.

    ③ 바자회는 월요일 수업이 끝난 후에 열립니다.

    ④ 학생들과 부모님들이 바자회 물건을 준비했습니다.

27. 두 사람이 무엇에 대해 이야기를 하고 있는지 고르십시오. (3점)

    ① 백화점에 가는 방법

    ② 남자 옷을 파는 방법

    ③ 물건을 교환하는 방법

    ④ 인터넷에서 쇼핑하는 방법

28. 들은 내용과 같은 것을 고르십시오. (4점)

    ① 남자는 저렴한 물건을 좋아합니다.

    ② 여자는 남자와 함께 백화점에 갈 겁니다.

    ③ 여자는 인터넷 쇼핑몰에서 원피스를 샀습니다.

    ④ 남자는 인터넷 쇼핑몰에서 물건을 자주 삽니다.

29. 여자가 꽃다발을 사 온 이유를 고르십시오. (3점)

    ① 남자에게 주려고

    ② 꽃을 보고 싶어서

    ③ 할인 행사를 해서

    ④ 어머니께 선물하려고

30. 들은 내용과 같은 것을 고르십시오. (4점)

    ① 여자의 어머니는 내일 공연을 합니다.

    ② 남자는 어머니와 함께 공연에 갈 겁니다.

    ③ 남자는 내일 꽃집에 가서 꽃을 살 겁니다.

    ④ 여자는 남자에게 영화 티켓을 선물했습니다.

TOPIK I 읽기(31번~ 70번)

※ [31~33] 무엇에 대한 이야기입니까? 〈보기〉와 같이 알맞은 것을 고르십시오. (각 2점)

보기

덥습니다. 바다에서 수영합니다.

❶ 여름   ② 날씨   ③ 나이   ④ 나라

31.

떡볶이를 먹습니다. 맵습니다.

① 식당   ② 시장   ③ 쇼핑   ④ 음식

32.

백화점에 갑니다. 신발을 삽니다.

① 쇼핑   ② 장소   ③ 주말   ④ 취미

33.

한국어 수업은 203호에서 합니다. 영어 수업은 301호에서 합니다.

① 장소   ② 취미   ③ 날짜   ④ 시간

※ [34~39] 〈보기〉와 같이 (   )에 들어갈 말로 가장 알맞은 것을 고르십시오.

보기

저는 (   )에 갔습니다. 책을 샀습니다.

① 극장   ❷ 서점   ③ 공원   ④ 세탁

34. (2점)

7시(   ) 영화관에 갑니다. 30분 후에 영화가 시작됩니다.

① 부터   ② 에게   ③ 하고   ④ 까지

35. (2점)

날짜를 모릅니다. (   )을 봅니다.

① 책   ② 달력   ③ 하늘   ④ 생일

36. (2점)

다리가 아픕니다. 의자에 (   ).

① 앉습니다   ② 알립니다   ③ 적습니다   ④ 나옵니다

37. (3점)

수영을 좋아합니다. 그래서 수영장에 (   ) 갑니다.

① 오래   ② 다시   ③ 자주   ④ 아까

38. (3점)

신호등이 초록불입니다. 길을 (   ).

① 뜁니다   ② 건넙니다   ③ 만듭니다   ④ 멈춥니다

39. (2점)

기분이 좋습니다. 춤을 (   ) 싶습니다.

① 신고   ② 추고   ③ 부르고   ④ 그리고

※ [40~42] 다음을 읽고 맞지 <u>않는</u> 것을 고르십시오. (각 3점)

40.

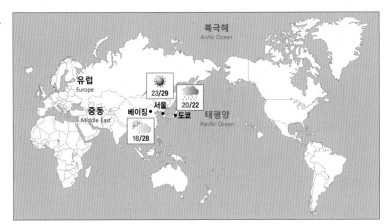

① 도쿄는 비가 옵니다.

② 서울은 날씨가 맑습니다.

③ 베이징이 가장 덥습니다.

④ 서울은 도쿄보다 덥습니다.

※ [40~42] 다음을 읽고 맞지 <u>않는</u> 것을 고르십시오. (각 3점)

41.

사랑 영화관 이용 가격	
요일	가격
월~목	7,000원
금	8,000원
토~일	9,000원

※영화 시작 10분 전까지 예약을 취소할 수 있습니다.

① 요일에 따라 가격이 다릅니다.

② 화요일에는 팔천 원을 냅니다.

③ 주말 가격은 평일보다 비쌉니다.

④ 영화가 시작하면 예약을 취소할 수 없습니다.

42.

사랑의 김치 만들기

김치를 만들어 어려운 이웃에게 나누어요.

•일시: 11월 21일(토) 오전 10시

•장소: 희망공원

•신청: 02-9876-5432로 전화 주세요.

※참여하시는 분께는 점심을 드립니다.

① 김치를 담급니다.

② 열 시에 시작합니다.

③ 전화로 신청을 합니다.

④ 점심을 함께 만듭니다.

※ [43~45] 다음을 읽고 내용이 같은 것을 고르십시오.

43. (3점)

> 어제 친구와 동대문 시장에 처음 갔습니다. 그곳에는 예쁜 옷과 가방들이 많았습니다. 쇼핑 온 사람들도 많았습니다.

① 저는 오늘 쇼핑을 했습니다.

② 저는 동대문 시장에 자주 갑니다.

③ 동대문 시장에는 사람이 많았습니다.

④ 동대문 시장에서 친구를 처음 만났습니다.

44. (2점)

> 저는 노래를 배웁니다. 매일 학교에 가서 노래 연습을 합니다. 친구와 음악회도 자주 갑니다.

① 저는 혼자 음악회에 갑니다.

② 저는 음악회에 가지 않습니다.

③ 저는 친구와 노래를 배웁니다.

④ 저는 날마다 노래 연습을 합니다.

45. (3점)

> 내일 저녁에 한국에 사는 친구가 우리 집에 옵니다. 그래서 아침부터 집을 깨끗이 청소했습니다. 내일은 친구가 좋아하는 음식을 준비할 겁니다.

① 친구는 한국에 삽니다.

② 아침에 청소를 했습니다.

③ 음식을 많이 만들었습니다.

④ 친구가 오늘 집에 방문합니다.

※ [46~48] 다음을 읽고 중심 내용을 고르십시오.

46. (3점)

> 정훈 씨는 키가 매우 큽니다. 보통 옷 가게에서는 정훈 씨 몸에 맞는 옷을 찾기 어렵습니다. 그래서 정훈 씨는 인터넷으로 옷을 삽니다.

① 정훈 씨는 키가 커서 멋있습니다.
② 정훈 씨는 키가 커서 옷이 많습니다.
③ 정훈 씨는 키가 커서 옷을 사기 힘듭니다.
④ 정훈 씨는 키가 커서 인터넷에서 옷 가게를 쉽게 찾습니다.

47. (3점)

> 다음 달에 엄마와 한국으로 여행을 갈 겁니다. 그래서 한국어 공부도 열심히 하고 있습니다. 빨리 다음 달이 되면 좋겠습니다.

① 엄마는 한국에 가고 싶습니다.
② 엄마는 한국어를 배우고 싶습니다.
③ 저는 한국 여행을 빨리 하고 싶습니다.
④ 저는 한국어 공부를 빨리 시작하고 싶습니다.

48. (2점)

> 요즘 건강에 관심이 많습니다. 그래서 몸에 좋은 것들에 대해 많이 공부합니다. 운동을 매일 하는 것은 건강에 좋습니다.

① 저는 건강합니다.
② 저는 매일 운동을 합니다.
③ 저는 운동에 대해 공부합니다.
④ 저는 몸에 좋은 것에 관심이 많습니다.

다음 달에 한국어 말하기 대회가 있습니다. 저는 대회에 나가기 위해 매일 말하기 연습을 하고 있습니다. 처음에는 말하기를 잘하지 못했습니다. 그래서 선생님과 친구들이 연습을 도와주었습니다. 덕분에 처음보다 더 잘 (㉠) 수 있게 되었습니다. 선생님과 친구들이 무척 고맙습니다.

49. ㉠에 들어갈 말로 가장 알맞은 것을 고르십시오.

① 쓸   ② 들을

③ 읽을   ④ 말할

50. 윗글의 내용과 같은 것을 고르십시오.

① 저는 종종 말하기 연습을 합니다.

② 저는 한국어 말하기 대회에 나갑니다.

③ 저는 처음부터 말하기를 잘하였습니다.

④ 저는 친구들이 연습하는 것을 도와줍니다.

사람들은 손으로 많은 일을 합니다. 그래서 손은 쉽게 더러워집니다. 더러운 손으로 음식을 먹거나 입이나 귀 등을 만지면 더러운 것들이 몸속으로 들어옵니다. 그러면 병에 걸리기 쉽습니다. (㉠) 건강하기 위해서는 손을 깨끗이 씻어야 합니다.

51. ㉠에 들어갈 말로 가장 알맞은 것을 고르십시오. (3점)

① 따라서   ② 하지만

③ 그래도   ④ 그런데

52. 무엇에 대한 내용인지 맞는 것을 고르십시오. (2점)

① 손이 하는 일   ② 손을 씻는 방법

③ 손으로 하면 안 되는 일   ④ 손을 씻는 것이 중요한 이유

> 한국의 큰 도시에는 지하철이 있습니다. 지하철을 타면 정확한 시간에 도착할 수 있습니다. 버스는 길이 막힐 수 있지만, 지하철은 길이 막히지 않기 때문입니다. 또 모르는 길을 갈 때도 지하철을 타면 쉽게 갈 수 있습니다. 지하철역이 여러 곳에 있기 때문입니다. (㉠) 저는 버스보다 지하철을 자주 이용합니다.

53. ㉠에 들어갈 말로 가장 알맞은 것을 고르십시오. (2점)

① 그리고   ② 그러면

③ 그래서   ④ 그래도

54. 윗글의 내용과 같은 것을 고르십시오. (3점)

① 저는 버스를 더 많이 탑니다.

② 버스를 타면 길이 막힐 일이 없습니다.

③ 지하철역은 버스 정류장 옆에 있습니다.

④ 처음 가는 길을 갈 때는 지하철을 타면 좋습니다.

> 저는 형과 비슷하게 생겼습니다. 얼굴도 비슷하고, 키도 비슷합니다. 또 좋아하는 옷도 비슷합니다. 그래서 (㉠) 형의 옷을 빌려 입습니다. 그러면 사람들이 저를 형으로 생각합니다. 제가 봐도 형과 많이 닮은 것 같습니다.

55. ㉠에 들어갈 말로 가장 알맞은 것을 고르십시오. (2점)

① 매우   ② 가끔
③ 전혀   ④ 잠깐

56. 윗글의 내용과 같은 것을 고르십시오. (3점)

① 저는 형보다 키가 훨씬 큽니다.
② 저는 형에게 옷을 빌려 줍니다.
③ 저와 형은 비슷한 옷을 좋아합니다.
④ 저와 형은 얼굴이 많이 다르게 생겼습니다.

※ [57~58] 다음을 순서에 맞게 배열한 것을 고르십시오.

57. (3점)

> (가) 저는 운동하는 것을 싫어했습니다.
> (나) 그 이후로 운동을 열심히 하게 되었습니다.
> (다) 그런데 열심히 달리고 나니 기분이 좋았습니다.
> (라) 그러던 어느 날 학교에서 달리기 시합을 했습니다.

① (가)-(다)-(나)-(라)　　　　② (가)-(라)-(다)-(나)
③ (라)-(가)-(다)-(나)　　　　④ (라)-(다)-(나)-(가)

58. (2점)

> (가) 집에 돌아오니 무척 피곤했습니다.
> (나) 오늘은 아침부터 매우 바빴습니다.
> (다) 오후에는 학교에서 시험공부를 했습니다.
> (라) 아침 일찍 일어나 커피숍 아르바이트를 갔습니다.

① (가)-(나)-(다)-(라)　　　　② (가)-(라)-(다)-(나)
③ (나)-(라)-(가)-(다)　　　　④ (나)-(라)-(다)-(가)

> 저는 해외 출장을 자주 다닙니다. (㉠) 출장을 다니면 여러 나라의 문화를 느낄 수 있어 좋습니다. (㉡) 그러나 가족과 친구들을 자주 볼 수 없습니다. (㉢) 요즘에는 인터넷을 통해 얼굴을 보며 대화할 수 있습니다. (㉣) 얼굴을 보면, 멀리 있어도 함께 있는 것 같습니다.

59. 다음 문장이 들어갈 곳으로 가장 알맞은 것을 고르십시오. (2점)

> 그래서 출장을 가면 전화나 메일을 많이 이용합니다.

① ㉠   ② ㉡   ③ ㉢   ④ ㉣

60. 윗글의 내용과 같은 것을 고르십시오. (3점)

① 저는 가족과 함께 출장을 다닙니다.

② 저는 해외 출장 다니는 것이 불편합니다.

③ 저는 출장에 가면 인터넷은 사용하지 않습니다.

④ 저는 출장에 가면 친구들에게 전화를 자주 합니다.

※ **[61~62] 다음을 읽고 물음에 답하십시오. (각 2점)**

> 컴퓨터나 휴대폰을 사용할 때는 눈을 자주 감지 않게 됩니다. 그래서 눈물이 쉽게 마릅니다. 눈물이 (㉠) 눈이 아프고 피곤합니다. 그러면 눈이 나빠질 수 있습니다. 눈물이 마르지 않게 하기 위해서는 자주 눈 운동을 하는 것이 좋습니다. 또 멀리 있는 것을 보는 것도 좋습니다.

61. ㉠에 들어갈 말로 가장 알맞은 것을 고르십시오.

① 마르면   ② 마르나

③ 마르고   ④ 마르는데

62. 윗글의 내용과 같은 것을 고르십시오.

① 눈이 아프면 눈물이 납니다.

② 눈 운동은 눈물을 마르게 합니다.

③ 멀리 있는 것을 보면 눈이 나빠집니다.

④ 컴퓨터를 오래 하면 눈물이 쉽게 마릅니다.

※ [63~64] 다음을 읽고 물음에 답하십시오.

받는 사람: umum@thl.edu
보낸 사람: yumi@hankuk.com
제   목: 움 씨, 안녕하세요?

안녕하세요, 움 씨?
다음 주 토요일에 저희 집에서 한국어를 배우는 친구들이 함께 저녁을 먹을 거예요.
움 씨도 시간이 되면 저희 집에 오세요. 저희 집은 한국대학교에서 10분 거리에 있어
요. 토니 씨가 저희 집을 알고 있으니 토니 씨와 같이 오면 쉽게 올 수 있어요. 다음 주
에 올 수 있으면 연락 주세요.
안녕히 계세요.

김유미 드림

63. 왜 윗글을 썼는지 맞는 것을 고르십시오. (2점)

① 움 씨를 저녁 식사에 초대하려고

② 움 씨를 한국대학교에서 만나려고

③ 움 씨에게 집의 위치를 알려 주려고

④ 움 씨에게 토니 씨를 소개시켜 주려고

64. 윗글의 내용과 같은 것을 고르십시오. (3점)

① 토니 씨는 한국어를 배웁니다.

② 움 씨는 한국대학교 근처에 삽니다.

③ 움 씨는 김유미 씨 집을 알고 있습니다.

④ 김유미 씨는 친구들과 저녁을 사 먹을 겁니다.

> 학교 앞에 아이스크림 가게가 새로 생겼습니다. 그 가게에는 다양한 종류의 아이스크림을 팝니다. 그래서 저는 그 가게에 자주 갑니다. 그 가게에는 쌀로 만든 아이스크림도 있고, 홍차로 만든 아이스크림도 있습니다. 제가 (㉠) 아이스크림은 사과로 만든 아이스크림입니다. 그 아이스크림에는 작게 잘린 사과가 들어 있어서 아주 맛있습니다.

65. ㉠에 들어갈 말로 가장 알맞은 것을 고르십시오. (2점)

① 매일 파는   ② 자주 만드는

③ 제일 좋아하는   ④ 아주 싫어하는

66. 윗글의 내용과 같은 것을 고르십시오. (3점)

① 아이스크림 가게는 오래되었습니다.

② 저는 가끔 아이스크림 가게에 갑니다.

③ 저는 홍차 아이스크림을 자주 먹습니다.

④ 아이스크림 가게에는 여러 맛의 아이스크림이 있습니다.

> 기름으로 가는 자동차는 공기를 더럽게 합니다. 그래서 사람들은 공기를 더럽게 하지 않는 자동차를 만들었습니다. 그중 하나가 전기로 가는 자동차입니다. 스위스의 어느 마을은 자연을 깨끗하게 지키기 위해 전기 자동차만 다닐 수 있게 하였습니다. 자연에 대한 관심이 많아졌기 때문에 앞으로 전기 자동차도 점점 (㉠) 것입니다.

67. ㉠에 들어갈 말로 가장 알맞은 것을 고르십시오.

　　① 많아질　　　　　　　　　② 작아질

　　③ 없어질　　　　　　　　　④ 적어질

68. 윗글의 내용과 같은 것을 고르십시오.

　　① 사람들은 자연에 관심이 없습니다.

　　② 전기 자동차는 공기를 더럽게 합니다.

　　③ 기름으로 가는 자동차는 자연을 깨끗하게 합니다.

　　④ 스위스에는 전기 자동차만 다니는 마을이 있습니다.

> 아버지 생신이 다음 주입니다. 어제는 우체국에 가서 아버지께 드릴 선물을 소포로 보냈습니다. 아버지께서 좋아하시는 한국 라면과 김도 함께 보냈습니다. 아버지는 중국에 계시지만 일주일 후면 선물을 받으실 수 있습니다. 아버지 생신을 (㉠) 섭섭하지만 아버지께서 선물을 받고 기뻐하시면 좋겠습니다. 아버지 생신날에는 전화로 인사를 드릴 겁니다.

69. ㉠에 들어갈 말로 가장 알맞은 것을 고르십시오.

① 함께 보낸 후에　　　　　② 함께 보내게 되어

③ 함께 보낼 수 없어　　　　④ 함께 보내려고 해도

70. 윗글의 내용으로 알 수 있는 것을 고르십시오.

① 아버지 생신날 소포가 도착합니다.

② 아버지는 생신을 혼자 보내십니다.

③ 아버지와 함께 살고 있지 않습니다.

④ 아버지는 한국 음식을 잘 만드십니다.

memo

memo

COOL
TOPIK I -종합서-

초판발행	2023년 5월 24일
초판 2쇄	2024년 5월 7일

저자	오윤정, 윤새롬
편집	김아영, 권이준
펴낸이	엄태상
디자인	김지연
조판	이서영
콘텐츠 제작	김선웅, 장형진
마케팅본부	이승욱, 왕성석, 노원준, 조성민, 이선민
경영기획	조성근, 최성훈, 김다미, 최수진, 오희연
물류	정종진, 윤덕현, 신승진, 구윤주

펴낸곳	한글파크
주소	서울시 종로구 자하문로 300 시사빌딩
주문 및 문의	1588-1582
팩스	0502-989-9592
홈페이지	http://www.sisabooks.com
이메일	book_korean@sisadream.com
등록일자	2000년 8월 17일
등록번호	제300-2014-90호

ISBN 979-11-6734-039-9 14710
978-89-5518-533-1 (SET)

한글파크

한국어능력시험

COOL TOPIK I

―― 종합서 ――

정답 및 해설

한국어능력시험
COOL TOPIK I
종합서

정답 및 해설

한글파크

정답 및 해설

📖 유형 학습 전략 (듣기)

유형 1 대화 완성하기

1-1. 질문을 듣고 '네' 또는 '아니요'로 대답하기   p.13

1. ③

여자: 구두가 커요?

남자: _____

> 신발의 크기를 물어보는 질문에 '네' 또는 '아니요' 중 알맞은 대답을 고르는 문제이다. '네' 뒤에는 '구두가 커요.'라는 대답이 와야 한다. '아니요'라는 대답 뒤에는 '커요'의 반대인 '작아요'가 이어져야 한다. 선택지에는 '아니요, 구두가 작아요.'만 있으므로 질문에 알맞은 대답은 ③번이다.

2. ②

여자: 숙제가 있어요?

남자: _____

> '숙제가 있어요?'라고 물었기 때문에, '네, 숙제가 있어요.' 또는 '아니요, 숙제가 없어요.'라고 대답할 수 있다. ②번 '숙제가 많아요.'는 '숙제가 많이 있다'는 뜻이므로 정답이다.

3. ③

여자: 손가락이 길어요?

남자: _____

> 손가락의 길이를 물어보는 질문에 '네' 또는 '아니요' 중 알맞은 대답을 고르는 문제이다. 길이는 '길다' 또는 '짧다'라고 말한다. '네, 손가락이 길어요.' 또는 '아니요, 손가락이 짧아요.'라고 대답할 수 있다.
>
> ◆ 길다 ↔ 짧다

4. ③

남자: 형제가 많아요?

여자: _____

> 사람의 수가 많은지 묻는 질문이다. '네'라는 긍정의 대답을 할 경우, '네, 형제가 많아요.'라고 대답한다. '아니요'라는 부정의 대답을 할 경우, '아니요, 형제가 많지 않아요?' 또는 '아니요, 형제가 없어요.'라고 대답할 수 있다.
>
> ◆ 많다 ↔ 적다 / 많다 ↔ 없다

5. ④

여자: 고향에 가요?

남자: _____

> '네'라는 긍정의 대답을 할 경우, '네, 고향에 가요.'라고 대답한다. '아니요'라는 부정의 대답을 할 경우, '아니요, 고향에 안 가요.' 또는 '아니요, 고향에 가지 않아요.'라고 대답할 수 있다.

1-2. 의문사가 있는 질문에 대답하기   p.16

1. ④

남자: 이거 어디에서 샀어요?

여자: _____

> 남자의 질문에서 의문사가 무엇인지 주의 깊게 들어야 한다. 장소를 묻는 의문사 '어디에서'를 사용했으므로 ④번이 답이다. ①번은 '얼마나', ②번은 '누가', ③번은 '언제'에 대한 대답이다.

2. ②

남자: 누구하고 통화했어요?

여자: _____

> '누구'는 사람을 가리킬 때 사용하는 표현이다. '언니'는 여자 형제 사이에서 나이가 많은 형제를 부르는 말이므로 ②번이 정답이다. ①, ④번은 '언제'에 대한 대답이고, ③번은 '어디에서'에 대한 대답이다.

3. ①

여자: 무슨 과목을 공부해요?

남자: _____

'무엇(무슨 과목)'을 공부하는지 묻는 질문이므로, 과목 이름이 있는 ①번이 정답이다. ②번은 '누구하고', ③번은 '언제', ④번은 '어디에서'에 대한 대답이다.

4. ①

여자: 시계를 언제 샀어요?

남자: _____

'언제'에 대한 대답인 ①번 '작년에 샀어요.'가 정답이다. ③, ④번은 '어디에서', ②번은 '누가' 시계를 샀는지에 대한 대답이다.

◆작년 – 올해 – 내년

5. ③

남자: 이 그림이 어때요?

여자: _____

그림에 대한 느낌을 묻는 질문이므로 ③번이 정답이다. ②번은 '누구'의 그림인지 물었을 때, ④번은 '어디에서' 그림을 그렸는지 물었을 때의 대답이다.

1-3. 대화 이어가기 p.19

1. ②

여자: 오늘 도와줘서 고마웠어요.

남자: _____

감사 표현에 알맞은 대답을 고르는 문제이다. '고마워요(고맙습니다).' 또는 '감사해요(감사합니다).'와 같은 표현에 알맞은 대답은 '아니에요.' 또는 '별말씀을요.' 등이므로 ②번이 답이다.

2. ③

여자: 그럼 조심히 가세요.

남자: _____

'조심히 가세요.'는 '안녕히 가세요.'와 같은 뜻으로 헤어질 때 하는 인사이다. 남아있는 사람이 먼저 떠나는 사람에게 하는 말이고, 떠나는 사람은 ③번 '안녕히 계세요.'라고 대답한다.

3. ①

남자: 늦게 와서 미안해요.

여자: _____

'미안해요.'라는 사과 표현에 알맞은 답변인 ①이 정답이다. ②번은 사과하는 사람이 하는 말로 '미안하다'와 같은 뜻이고, ③번은 부탁하는 표현, ④번은 헤어질 때 하는 인사말이다.

4. ②

남자: 구두가 예쁘네요.

여자: _____

칭찬에 대해 감사하는 표현인 ②번이 적절하다. ④번은 처음 만났을 때 하는 인사말이다.

5. ④

여자: (전화 상황) 마이클 씨 좀 바꿔 주시겠어요?

남자: _____

전화 대화를 적절하게 완성하는 문제이다. '~을/를 바꿔 주다'는 말하고 있는 사람이 아닌 다른 사람과 통화를 원할 때 쓰는 말이다. '~을/를 바꿔 주다'에 부탁할 때 사용하는 표현인 '-(으)시겠어요'를 붙여서 '~을/를 바꿔 주시겠어요'라고 말한다.

유형 2 대화 장소 고르기

p.22

1. ①

여자: 방은 5층이고요, 501호입니다.

남자: 네. 아침 식사 시간은 언제예요?

> 건물의 층('5층')과 '방', 방의 번호('501호')를 나타내는 표현을 통해 두 사람이 호텔에 있음을 짐작할 수 있으므로 ①번이 답이다. 여자가 방의 위치를 안내하고 있으므로 여자는 호텔 직원, 남자는 호텔에 숙박하는 손님이다.

2. ④

여자: 전시관에는 음료수를 가지고 들어가실 수 없습니다.

남자: 죄송합니다. 잘 몰랐어요.

> '전시관'이라는 단어를 듣고 박물관에서의 대화임을 알 수 있다. 여자는 박물관 직원이고, 남자는 손님이다.

3. ③

남자: 지금 보내면 수요일까지 도착할 수 있을까요?

여자: 빠른우편으로 보내시면 가능합니다.

> '우편'은 편지나 소포를 우체국을 통해서 원하는 목적지로 보내는 것을 말한다. 남자는 우편물을 보내는 손님이고, 여자는 우체국 직원이다.

4. ①

남자: (당황하며) 여보, 집에 여권을 두고 왔어요!

여자: 큰일이네요. 지금 바로 비행기에 탑승해야 하는데

> '여권', '비행기', '탑승'이라는 단어를 듣고 공항에서의 대화임을 알 수 있다. '지금 바로' 비행기에 타야 한다고 했으므로 여행을 가는 날 공항에서의 대화이다. ②번 '여행사'는 여행 전에 비행기 티켓 구매, 호텔 예약 등을 도와주는 회사이다.

5. ③

여자: 이력서에 붙일 사진이니까 예쁘게 찍어 주세요.

남자: 네. 자, 그럼 찍겠습니다.

> '사진', '(사진을) 붙이다', '(사진을) 찍다'라는 표현을 듣고 사진관에서의 대화임을 알 수 있다.

유형 3 대화 소재 고르기

p.24

1. ③

여자: 민수 씨는 계속 서울에서 살았어요?

남자: 네. 저는 서울에서 태어났어요.

> 여자가 남자에게 고향이 어디인지 물어보고 있다. '계속 (지역 이름)에서 살다'라는 표현에서 '계속'은 '태어나서부터 지금까지'를 의미한다. '태어난 곳'을 뜻하는 ③번 고향이 답이다.

2. ④

남자: 저는 음악 선생님이에요. 유진 씨는요?

여자: 저는 회사원이에요.

> 남자와 여자가 서로의 직업을 물어보고 있다. 남자는 음악 선생님이고, 여자는 회사원이다.

3. ③

여자: 어젯밤에 비가 오더니 추워졌네요.

남자: 네, 오늘 저녁에는 더 추워진대요.

> '비', '춥다'라는 단어는 날씨와 관련된 단어다.

4. ①

남자: 졸업 기념으로 뭘 받고 싶니?

여자: 새 책상을 갖고 싶어요.

> 남자와 여자가 졸업 선물에 대하여 이야기하고 있다. 여자는 책상을 선물로 받고 싶어 한다.

5. ②

여자: 저는 주말마다 공원에 가서 책을 읽어요. 민호 씨는요?

남자: 저는 시간이 있을 때마다 영화를 봐요.

> 여자와 남자가 취미에 대하여 이야기하고 있다. 여자의 취미는 책을 읽는 것이고, 남자의 취미는 영화를 보는 것이다.
>
> ◆ 책을 읽는 것 = 독서
> ◆ 영화를 보는 것 = 영화 감상

유형 4 알맞은 그림 고르기

p.27

1. ①

여자: 일어나서 식사하세요.

남자: 너무 피곤해요. 조금만 더 잘게요.

> 여자의 '일어나서'라는 표현과 남자의 '더 잘게요'를 듣고 남자가 아직 누워 있음을 알 수 있다. 침실에서 여자가 자고 있는 남자를 깨우고 남자는 침대 위에 누워 있는 ①번이 정답이다.

2. ②

남자: 그쪽에 있는 망치 좀 줄래요?

여자: 큰 것과 작은 것이 있어요. 둘 중 어느 것을 줄까요?

> 남자가 여자에게 망치를 달라고 부탁하고 있다. 남자의 '그쪽'이라는 표현을 듣고 망치가 여자와 가까운 곳에 있음을 알 수 있다. 여자가 '큰 것'과 '작은 것' 둘 중 어느 것을 줄지 묻고 있으므로 여자와 가까운 곳에 망치 두 개가 있는 그림을 고르면 된다.

3. ①

여자: 저 가수 노래를 정말 잘하네요. 외모도 멋있어요.

남자: 네. 그래서 요즘 아이들에게 인기가 많아요.

> 여자와 남자가 함께 가수가 노래하고 있는 화면을 보며 이야기를 나누고 있다. 두 사람이 함께 TV 화면을 보고 있는 그림을 고르면 된다. 여자가 '노래를 정말 잘하네요.'라고 한 것을 보아 사진을 함께 보고 있는 ②번은 답이 될 수 없다.

4. ③

남자: 무슨 음식을 좋아하세요?

여자: 저는 다 잘 먹어요. 영훈 씨가 좋아하는 음식으로 주문하세요.

> 남자와 여자가 함께 식당에서 주문할 메뉴를 고르며 대화하고 있다. 두 사람 모두 손님이므로 함께 테이블에 앉아 메뉴판을 보는 그림을 고르면 된다. 아직 주문을 시작하지 않았으므로 여자가 점원을 향해 이야기하는 그림인 ④번은 답이 될 수 없다.

5. ④

남자: 아침부터 목이 아프고 열이 나요.

여자: 이 약을 드셔 보세요. 계속 아프면 병원에 가서 진찰을 받아 보세요.

> 남자는 몸이 아픈 환자이고 여자는 약사이다. 약국에서 여자 약사가 남자에게 약을 주는 그림을 고르면 된다. 여자가 남자에게 '계속 아프면 병원에 가서 진찰을 받아 보세요.'라고 말하는 것으로 보아 이야기하는 장소는 병원이 아니고, 여자는 의사가 아니다.

유형 5 중심 내용 파악하기

5-1. 이야기의 목적 파악하기

p.31

1. ②

여자: (딩동댕) 학생회에서 알립니다. 다음 주 금요일에 열리는 '동아리 발표회' 행사가 올해는 체육관에서 열립니다. 작년보다 많은 동아리가 신청을 해서 발표회를 체육관에서 하게 되었습니다. 학생회관으로 가지 마시고, 체육관으로 와 주시기 바랍니다. 재미있는 공연도 볼 수 있으니까 많이 와 주세요. 감사합니다. (댕동딩)

> 학생회가 학생들을 대상으로 하는 안내 방송이다. 작년에는 행사 장소가 학생회관이었지만 올해는 신청한 동아리가 많아서 장소를 체육관으로 정했다는 내용이다. 여자가 행사 장소가 체육관이라는 내용을 여러 번 강조해서 이야기하고 있다.

정답 및 해설

2. ③

여자: (딩동댕) 직원 여러분, 안녕하십니까? 총무과에서 안내 말씀드립니다. 이번 주 월요일과 화요일에 지하 주차장을 청소하려고 합니다. 월요일 오후 2시부터 화요일 오전 11시까지는 지하 주차장을 사용하실 수 없습니다. 이 기간 동안 주차가 필요하신 분들은 지상 주차장을 이용해 주십시오. 그리고 지하 주차장 내 창고에 비품을 보관 중인 부서에서는 금요일 밤까지 모두 가져가 주시기 바랍니다. 감사합니다. (댕동딩)

회사 총무과에서 직원들을 대상으로 지하 주차장 청소 요일과 시간 등의 청소 계획을 안내하는 내용의 방송이다. 청소 계획을 미리 알려 주면서 청소 기간 전에 해야 할 일과 청소 기간 중에 사용할 수 있는 지상 주차장을 함께 안내하고 있다.

3. ①

여자: (딩동댕) 경비실에서 알립니다. 어제 저녁 엘리베이터에서 휴대폰을 잃어버린 분을 찾고 있습니다. 휴대폰 색깔은 흰색이고, 고양이 모양의 인형이 달려 있습니다. 휴대폰 뒷면에는 작은 사진 한 장이 붙어 있습니다. 사진은 어린 아이가 강아지를 안고 있는 사진입니다. 휴대폰을 잃어버리신 분은 경비실에 와서 찾아 가세요. (댕동딩)

아파트 경비실 직원이 아파트 주민들을 대상으로 잃어버린 휴대폰을 찾아가라는 안내 방송을 하고 있다. '분실물'은 '잃어버린 물건'을 뜻한다. 휴대폰을 발견한 장소와 휴대폰의 모양, 휴대폰에 붙어 있는 사진 등 분실물의 특징에 대해 자세히 설명하고 있다.

4. ③

여자: (딩동댕) 승객 여러분, 안녕하십니까? 이 기차는 청량리역에서 출발해서 정동진까지 가는 '해돋이 열차'입니다. 우리 열차는 잠시 후 11시 50분에 출발해 일출 직전인 5시에 도착합니다. 열차 마지막 칸에는 무료로 제공되는 간식이 준비되어 있습니다. 안내원에게 열차표를 보여주시고 받아 가시면 됩니다. 열차 이동 중에는 다른 승객에게 피해가 가지 않도록 소음에 주의하여 주십시오. 편안하고 즐겁게 여행하시기 바랍니다. 감사합니다. (댕동딩)

해돋이 여행을 위한 기차의 승무원이 승객들을 대상으로 안내 방송을 하고 있다. 기차 운행 일정을 안내하고 간식 서비스와 주의사항 등 승객들이 기차를 이용하는 방법에 대해 설명하고 있다.

5. ④

여자: (딩동댕) 한국항공에서 알립니다. 로마행 A356 비행편을 이용하실 승객 여러분들께 안내드립니다. 탑승 게이트가 변경되었습니다. 승객 여러분께서는 24번 게이트 대신 26번 게이트로 와 주십시오. 갑작스러운 폭설로 24번 게이트에 안전 문제가 발생하여 26번 게이트로 변경되었습니다. 약 10분 후부터 탑승 수속이 시작됩니다. 로마행 A356 비행편을 이용하시는 승객 여러분은 26번 게이트로 와 주십시오. (댕딩동)

공항에서 항공사 승무원이 승객들을 대상으로 하는 안내 방송이다. 폭설 때문에 비행기 탑승을 위한 장소가 변경되었다는 내용이다. 승무원이 "26번 게이트로 와 주십시오."라고 바뀐 탑승 장소를 반복해서 안내하고 있다.

5-2. 이야기의 주제 파악하기 p.33

1. ②

남자: 어, 이게 뭐예요? 티셔츠네요.

여자: 네. 친구가 선물로 준 건데 사이즈가 좀 커요. 바꾸고 싶은데 선물 받은 거라서 고민이에요.

남자: 혹시 상자 안에 교환권 없어요? 요즘엔 다른 물건으로 바꿀 수 있는 교환권을 선물에 넣어 주는데요.

여자: 아, 여기 상자 안에 있네요. 이걸 가지고 가면 바꿀 수 있어요?

남자: 네. 가까운 백화점에 선물 받은 물건과 교환권을 가지고 가면 바꿀 수 있어요.

여자: 친구에게 부탁하지 않고 직접 바꿀 수 있으니까 편하겠네요.

> 여자가 친구에게 받은 선물을 다른 것으로 교환하는 방법에 대해 대화를 나누고 있다. 남자가 여자에게 교환권을 가지고 백화점에 가면 물건을 바꿀 수 있다고 방법을 알려주었다.

2. ④

남자: 엄마, 저 이번 달 용돈 좀 더 주시면 안 될까요? 조금만요.

여자: 뭐? 또? 안 돼. 민수 너 지난달에도 용돈 더 받았잖니. 계획을 세워서 꼭 써야 할 곳에만 써야지.

남자: 아이 참. 죄송해요. 다음부터는 조심할게요. 용돈이 많이 남은 줄 알고 친구랑 간식을 사 먹었는데 집에 와서 보니 없지 뭐예요.

여자: 그러니까 용돈을 받으면 미리 계획을 세우고, 쓸 때마다 노트에 적어 두어야지.

남자: 네, 죄송해요. 이제부터는 매일 제가 쓴 돈과 남은 돈을 계산해 적어 두어야겠어요.

여자: 그래. 그렇게 하면 용돈이 모자라지 않게 잘 관리할 수 있을 거야. 자, 이번 한 번만이다.

남자: 네, 고맙습니다.

> 여자와 남자는 엄마와 아들 관계이다. 엄마가 아들에게 용돈을 잘 사용하고 관리하는 방법에 대해 이야기해주고 있다.

3. ③

여자: 내일 아버지 생신인데 어떤 선물을 드릴지 고민이에요.

남자: 그래요? 아버지 연세가 어떻게 되시는데요?

여자: 63세세요. 작년에는 등산화를 사 드렸어요. 산에 자주 가시거든요.

남자: 등산할 때 쓰실 모자를 사 드리면 어때요?

여자: 그건 지난번에 이미 사 드렸거든요. 아~ 정말 어렵네요.

남자: 그럼 어머니와 함께 가까운 산으로 여행을 보내 드리면 어떨까요? 좋은 펜션을 예약해 드리면 되잖아요.

> 여자의 아버지 생신 선물에 대하여 대화하고 있다. 아버지 생신 선물을 무엇으로 살지 고민하는 여자에게 남자가 여러 가지 아이디어를 말해 주고 있다.

4. ③

여자: 서준 씨, 이번 휴가 때 뭐 할 거예요?

남자: 글쎄요. 이번에는 특별한 곳을 여행하기보다는 집에 있고 싶어요. 책도 읽고 낮잠도 잘 거예요.

여자: 그동안 바쁘게 일했으니 집에서 쉬는 것도 좋겠네요. 그런데 좀 심심하지 않을까요?

남자: 그래서 하루는 친구 만나서 영화를 보고 저녁 식사를 하기로 했어요. 미진 씨는요?

여자: 저는 동생이랑 인사동에 가서 옛날 물건들 구경하고 쇼핑도 하기로 했어요.

남자: 재미있겠네요. 인사동에 가면 전통차도 마셔 보세요. 건강에도 좋고 맛도 좋아요.

> 남자와 여자가 휴가 때 하고 싶은 일에 대해 이야기하고 있다. 남자는 집에서 시간을 보내고 하루는 친구와 영화를 볼 계획이고, 여자는 동생과 인사동에 갈 계획이다.

정답 및 해설

5. ④

남자: 윤희 씨, 오늘 옷이 아주 예쁜데요? 무슨 일 있어요?

여자: 네, 얼마 전에 지원한 회사에 면접을 보러 가요. 어때요? 괜찮아요?

남자: 아주 예뻐요. 회색 정장이 참 잘 어울리네요.

여자: 고마워요. 저는 원래 빨간색을 좋아하는데, 면접이니까 화려하지 않은 옷을 골랐어요.

남자: 네, 잘 하셨어요. 때와 장소에 맞게 옷을 입는 것이 중요해요. 제가 회사 사장님이라면 윤희 씨를 꼭 뽑겠어요.

여자: 고마워요. 사실 많이 떨렸는데, 민호 씨 덕분에 자신감이 생겼어요.

> 두 사람이 옷차림에 대해 이야기하고 있다. 여자가 면접 상황에 맞추어 회색 정장을 입었다고 하자 남자가 때와 장소에 맞는 옷차림이 중요하다고 이야기하고 있다.

5-3. 화자의 중심 생각 파악하기　　p.35

1. ④

여자: 민수 씨, 이 영화 봤어요? 정말 재미있어요. 꼭 보세요.

남자: 아, 이 영화요? 저는 나중에 집에서 보려고요.

여자: 이 영화는 영화관에서 크게 봐야 돼요. 안 그러면 재미없어요.

남자: 그래요? 그럼 저도 영화관에 가서 봐야겠어요.

> 여자와 최근에 본 영화를 남자에게 추천하고 있다. 남자가 나중에 집에서 보겠다고 하자 여자가 영화관에서 크게 보지 않으면 재미없다고 말하고 있으므로 여자의 생각은 '이 영화는 영화관에서 보는 게 좋습니다.'이다.

2. ①

남자: 여기 좀 봐요. 세일 코너에 좋은 물건들이 많네요. 먼저 좀 보고 갑시다.

여자: 여보, 청소기 사러 왔으니까 청소기를 먼저 사고 나중에 둘러봐요.

남자: 나중에 오면 좋은 물건들이 없을지도 몰라요. 다른 사람들이 다 사갈 수 있잖아요.

여자: 그래도 계획했던 일을 먼저 해야 시간이 절약되지요.

> 여자와 남자가 함께 물건을 사며 대화를 나누고 있다. 여자는 사려고 계획했던 물건을 먼저 사야 시간이 절약된다고 생각하므로 ①번이 답이다. ②번은 남자의 생각이다.

3. ②

남자: 그 소식 들었어요? 다음 달부터 우리 회사 출근 시간이 한 시간 늦춰진대요.

여자: 정말요? 그럼 10시까지 출근하면 되겠네요? 여유있는 하루를 보낼 수 있겠어요.

남자: 그렇지 않아요. 늦게 출근하면 짧은 시간에 빠르게 일을 해야 해요. 그리고 해야 할 일을 다 하지 못해서 결국 늦게 퇴근해야 할지도 몰라요.

여자: 더 집중해서 일하면 되죠. 아침마다 힘들었는데 정말 잘됐어요.

> 두 사람은 회사 출근 시간이 늦춰진 것에 대하여 대화를 하고 있다. 여자는 출근 시간이 늦으면 아침 시간이 여유로워 좋다고 생각하므로 ②번이 답이다. ④번은 '출근을 늦게 하는 것'이라는 조건이 이루어져야 '집중을 할 수 있다'는 의미로 해석될 수 있으므로 답이 될 수 없다. ③번은 남자의 생각이다.

4. ④

남자: (숨이 차는 목소리로) 늦어서 미안해요. 차를 타고 오는데 도로 공사를 하고 있어서 길이 많이 막혔어요.

여자: 괜찮아요. 기다리는 동안 책을 읽어서 지루하지 않았어요.

남자: 그래도 약속 시간을 지키지 않아서 기분이 나쁘지 않았어요?

여자: 아니요. 급한 일이 있거나 문제가 있으면 늦을 수도 있지요.

8

남자가 여자와의 약속 시간에 늦은 상황이다. 여자는 급한 일이나 문제가 있으면 늦을 수도 있다고 이야기하고 있으므로 ④번이 답이다.

5. ②

여자: 이 가방 어때요? 지난주에 인터넷 쇼핑몰에서 샀어요. 백화점보다 가격이 50%나 싸지 뭐예요.

남자: 예쁘네요. 민주 씨는 인터넷 쇼핑몰을 자주 이용하나 봐요?

여자: 네. 인터넷에서 물건을 사면 가격이 싸고, 배송을 해주니까 편리해서 좋아요.

남자: 그래요? 전 인터넷 쇼핑몰은 잘 이용하지 않아요. 직접 물건을 보고 사야 믿을 수가 있거든요.

여자와 남자가 인터넷 쇼핑에 대해 이야기하고 있다. 여자가 인터넷에서 물건을 사면 가격이 싸고, 배송을 해 줘서 편리하다고 말하고 있으므로 ②번이 답이다. ③번은 남자의 생각이다.

유형 6 세부 내용 파악하기

6-1. 짧은 대화를 듣고 세부 내용 파악하기   p.37

1. ②

여자: 민수 씨, 아르바이트할 곳을 찾았어요?

남자: 아니요. 아직 못 찾았어요.

여자: 제가 일하는 박물관에서 아르바이트할 사람을 찾고 있는데, 생각 있어요?

남자: 박물관 아르바이트는 안 해 봤는데 한번 해 보고 싶네요.

아르바이트할 곳을 찾고 있는 남자에게 여자가 자기가 일하고 있는 박물관을 추천하고 있으므로 ②번이 답이다.
① 여자는 남자와 같은 일을 합니다. (X)
   → 남자는 일할 곳을 찾고 있다.
③ 남자는 박물관에서 일을 해 봤습니다. (X)
   → 남자는 박물관 아르바이트는 안 해 봤다.
④ 남자는 아르바이트를 안 하려고 합니다. (X)
   → 남자는 여자가 추천한 박물관에서 아르바이트를 해 보고 싶다.

2. ④

여자: 아빠, 우리 식당에 들러서 저녁을 먹고 갈까요?

남자: 집에 가서 식사를 하는 게 좋지 않을까? 직접 만든 음식이 건강에도 좋고.

여자: 배가 고파요. 게다가 지금 길이 많이 막혀서 집에 가면 너무 늦어요.

남자: 식당에서 밥을 먹고 나오면 퇴근 시간이라 길이 더 막힐 거야.

남자와 여자는 아빠와 딸 사이이다. 남자는 집에서 만든 음식이 건강에 좋고, 길이 더 많이 막히기 전에 집에 가는 것이 좋다고 생각하고 있으므로 ④번이 답이다.
① 남자는 운전을 좋아합니다. (X)
   → 알 수 없다.
② 남자는 식당 음식을 좋아합니다. (X)
   → 집에서 만든 음식이 더 좋다고 생각한다.
③ 남자는 지금 배가 고프지 않습니다. (X)
   → 알 수 없다.

3. ③

남자: 모두 다 모였나요? 아직 한 분이 안 오신 것 같네요.

여자: 네, 민주 씨가 아직 안 왔어요. 기차가 곧 출발하는데.

남자: 그래요? 그럼 제가 민주 씨를 기다릴게요. 먼저 가세요.

여자: 네, 그럼 저희는 먼저 기차에 타고 있을게요. 민주 씨가 많이 늦으면 다음 기차로 오세요.

정답 및 해설

남자와 여자가 함께 기차를 탈 사람을 기다리고 있다. 남자가 민주 씨를 기다리겠다고 하고, 여자는 먼저 기차에 타고 있겠다고 하였으므로 ③번이 답이다.
① 여자는 기차역에 늦게 도착했습니다. (X)
　→ 여자는 늦지 않았다.
② 여자는 다음 기차를 기다리고 있습니다. (X)
　→ 여자는 사람들과 기차에 탈 것이다.
④ 여자는 남자와 함께 다음 기차를 기다리려고 합니다. (X)
　→ 늦게 오는 사람과 함께 다음 기차를 기다릴 사람은 남자이다.

---

4. ④

여자: 이번 주 일요일에 뭐 하세요? 무료 연극 티켓이 있는데 같이 갈래요?
남자: 좋아요. 무슨 연극이에요? 전 영화는 자주 보는데 연극은 처음이에요.
여자: 남자와 여자가 여행지에서 만나서 서로 사랑하게 되는 내용이에요.
남자: 재미있겠어요. 연극을 보고 제가 맛있는 저녁을 살게요.

함께 연극을 보고 남자가 저녁을 사겠다고 말했으므로 ④번이 답이다.
① 남자는 연극을 좋아합니다. (X)
　→ 알 수 없다.
② 남자는 일요일에 영화를 보러 갈 겁니다. (X)
　→ 일요일에 연극을 보러 갈 것이다.
③ 남자와 여자는 여행지에서 처음 만났습니다. (X)
　→ 남자와 여자의 이야기가 아니라 연극 속 주인공들의 이야기이다.

---

5. ③

남자: 실례합니다. 혹시 이 근처에 약국이 있나요? 두통약이 필요해서요.
여자: 네, 길 건너에 있는 백화점 옆에 있어요.
남자: 아, 백화점 옆에 있던 약국은 지난달에 문을 닫았어요.
여자: 그래요? 저도 다른 곳은 몰라요. 저기 있는 편의점에서도 두통약은 팔 거예요.

남자가 여자에게 근처에 약국이 있는지 물었는데 여자가 없어진 약국 대신 편의점을 알려 주었으므로 ③번이 답이다.
① 여자는 편의점에 있습니다. (X)
　→ '저기 있는 편의점'이라고 한 것을 보아 여자는 편의점에서 먼 곳에 있다.
② 약국은 백화점 옆에 있습니다. (X)
　→ 백화점 옆 약국은 문을 닫아서 지금은 없다.
④ 남자는 백화점을 찾고 있습니다. (X)
　→ 남자는 약국을 찾고 있다.

6-2. 긴 대화를 듣고 세부 내용 파악하기　　p.39

1. ④

여자: 영화배우 김민수 씨, 요즘은 그림도 그리고 계시는데요. 언제부터 그림을 그리셨어요?
남자: 3년 전에 영화에서 화가 역할을 한 적이 있어요. 직접 그림을 그려야 해서 배우게 됐는데, 지금까지 취미로 그리고 있어요.
여자: 그렇군요. 주로 어떤 그림을 그리세요?
남자: 처음엔 산을 많이 그렸는데 요즘은 사람들의 얼굴을 그리고 있어요.
여자: 곧 첫 번째 전시회를 하신다고요?
남자: 네. 같이 그림 그리는 친구들과 전시회를 하기로 했어요.

남자는 영화배우이고 여자가 남자를 인터뷰하고 있다. 여자가 남자의 첫 전시회 소식에 대해 질문하자 남자가 같이 그림 그리는 친구들과 전시회를 하기로 했다고 대답했으므로 ④번이 답이다.
① 남자는 요즘 주로 산을 그립니다. (X)
　→ 처음에는 산을 많이 그렸지만 요즘은 주로 사람들의 얼굴을 그린다.
② 남자는 어릴 때부터 그림을 배웠습니다. (X)
　→ 3년 전 영화에서 화가 역할을 하면서 배우게 되었다.
③ 남자는 그림 전시회를 한 적이 있습니다. (X)
　→ 지금까지는 전시회를 한 적이 없고 곧 첫 번째 전시회를 할 것이다.

2. ④

남자: 서류 가방을 찾고 있는데요.

여자: 네, 남자 가방은 이쪽에 있어요. 이 회색 가방이 인기
　　　가 좋아요.

남자: 멋지네요. 그런데 회색 말고 검은색 가방이면 좋겠어요.

여자: 검은색은 없어서 새로 주문을 해야 해요. 원하시면 주
　　　문을 해 드릴까요?

남자: 그래요? 그럼 검은색 가방으로 주문해 주세요. 언제 찾
　　　으러 오면 될까요?

여자: 가방이 도착하면 제가 전화를 드릴게요.

> 남자는 손님이고 여자는 가방 가게 점원이다. 남자가 찾는
> 가방이 없어서 주문을 한 뒤 가방이 도착하면 여자가 전화
> 를 하겠다고 했으므로 ④번이 답이다.
> ① 남자는 회색 서류 가방을 샀습니다. (X)
> 　→ 검은색 가방을 주문했다.
> ② 남자는 인터넷으로 가방을 주문했습니다. (X)
> 　→ 가게에 직접 가서 주문했다.
> ③ 남자는 가방의 모양이 마음에 들지 않습니다. (X)
> 　→ 가방의 색깔이 마음에 들지 않아 검은색으로 주문을
> 　　했다.

3. ③

여자: 내일 뭐해요? 바쁘지 않으면 부탁 하나 해도 될까요?

남자: 뭔데요? 도와드릴게요.

여자: 제 동생이 한국에 놀러 오는데, 내일 제가 바빠서 공항
　　　에 마중을 나갈 수가 없어서요.

남자: 그래요? 걱정하지 말아요. 제가 대신 갈게요.

여자: 아, 정말 고마워요. 동생이 한국에 처음 오는 거라서
　　　길을 잘 모르거든요.

남자: 네. 그럼 비행기 도착 시간과 동생 이름을 알려 주세요.

> 바쁜 여자를 대신해 남자가 도움을 주기로 한 상황이다. 남
> 자가 마지막에 비행기 도착 시간과 동생 이름을 알려 달라
> 고 했으므로 ③번이 답이다.
> ① 여자는 공항에 가는 길을 알지 못합니다. (X)
> 　→ 알 수 없다.
> ② 여자의 동생은 방학마다 한국에 놀러 옵니다. (X)
> 　→ 이번이 처음이다.
> ④ 여자와 남자는 내일 공항에 가서 동생을 만날 겁니다.
> 　(X) → 남자 혼자서 갈 것이다.

4. ②

남자: 지영 씨, 얼굴이 안 좋네요. 무슨 일 있어요?

여자: 어젯밤부터 열이 나고 목이 아파요. 기침도 나오고요.

남자: 감기에 걸린 거 아니에요? 병원에는 갔어요?

여자: 아니요, 아직 못 갔어요. 일이 많아서 퇴근하고 가려
　　　고요.

남자: 퇴근하고 나면 병원이 문을 닫을 거예요.

여자: 아, 그렇겠네요. 점심시간에 가까운 약국에 다녀와야
　　　겠어요.

> 여자가 어젯밤부터 열이 나고 목이 아프다고 했으므로 ②
> 번이 답이다.
> ① 여자는 일이 많아서 감기에 걸렸습니다. (X)
> 　→ 알 수 없다.
> ③ 여자는 퇴근 후 약국에 가서 약을 살 겁니다. (X)
> 　→ 점심시간에 약국에 갈 것이다.
> ④ 여자는 어제 병원에 가서 치료를 받았습니다. (X)
> 　→ 아직 병원에 가지 못했다.

5. ④

여자: 어서 오세요. 어떻게 오셨어요?

남자: 다음 주부터 피아노를 배우고 싶은데요.

여자: 전에 피아노를 배운 적이 있으세요?

남자: 네, 어릴 때 조금 배운 적이 있어서 간단한 곡은 연주
　　　할 수 있어요.

여자: 그럼 중급반부터 시작을 해야겠네요. 그런데 중급반은
　　　이미 사람이 다 차서 다음 달부터 수업을 들을 수 있어요.

남자: 그래요? 그럼 다음 달부터 시작할게요.

> 어릴 때 조금 배운 적이 있다고 했으므로 ④번이 답이다.
> ① 남자는 피아노 선생님입니다. (X)
> 　→ 피아노 선생님은 여자이다.
> ② 남자는 기초반 수업을 듣고 싶어 합니다. (X)
> 　→ 남자는 중급반 수업을 들을 것이다.
> ③ 남자는 다음 주부터 중급반 수업을 듣습니다. (X)
> 　→ 다음 달부터 시작하는 중급반 수업을 들을 것이다.

정답 및 해설

p.40

TOPIK I 듣기(1번~ 20번)

1	①	2	②	3	④	4	③	5	②
6	④	7	②	8	①	9	②	10	③
11	③	12	①	13	③	14	④	15	②
16	①	17	②	18	③	19	④	20	③

1. ①
여자: 민수 씨가 형이에요?
남자: _____

'네, 형이에요.' 또는 '아니요, 형이 아니에요.'라고 답해야
하므로 ①번이 답이다.

2. ②
남자: 수영을 잘해요?
여자: _____

'네, 수영을 잘해요.' 또는 '아니요, 수영을 (잘) 못 해요'라
고 답해야 하므로 ②번이 답이다.

3. ④
남자: 집에 언제 가요?
여자: _____

'언제'에 대한 대답인 ④번이 답이다.

4. ③
여자: 백화점에 누구하고 갔어요?
남자: _____

'누구하고'에 대한 대답인 ③번이 답이다.

5. ②
남자: 도와주셔서 고맙습니다.
여자: _____

'고맙습니다.'는 감사 표현 중 하나이다. 감사 표현에 알맞
은 대답인 ②번이 답이다.

6. ④
여자: 옆에 있는 소금 좀 집어 주시겠어요?
남자: _____

'-아/어 주시겠어요?'는 부탁할 때 쓰는 표현이다. 부탁의
내용으로 보아 부탁을 들어줄 경우, ④번이 적절한 답이다.

7. ②
남자: 저는 내일 아침에 퇴원을 해요.
여자: 이제 아프지 말고 건강하세요.

'퇴원'은 아픈 사람이 병원에 입원하여 며칠 지내다가 집으
로 돌아가는 것을 뜻한다. 내일 퇴원을 한다고 말한 것으로
보아 아직 병원에 입원해 있는 상황에서 나누는 대화이다.

8. ①
여자: 이쪽으로 오시면 다른 작품도 있어요.
남자: 화가의 실력이 대단하네요.

'작품', '화가'라는 단어를 듣고 미술관임을 알 수 있다. 특
히, 여자가 '이쪽으로 오시면 다른 작품도 있어요.'라고 안
내하고 있는 것으로 보아 미술관에서 함께 작품을 보고 있
는 상황이다.

9. ②
여자: 저는 여름이 좋아요. 여름마다 친구와 바다에 가요.
남자: 저는 시원한 가을이 좋아요.

'여름', '가을'은 계절과 관련된 단어이다.

10. ③
남자: 출근 시간엔 지하철이 편리해요.
여자: 저희 집에서는 지하철역이 멀어서 버스를 타요.

'지하철'과 '버스'는 대중교통 수단의 종류이다.

11. ③

남자: 과일이 정말 신선하네요.

여자: 네, 맛도 좋아요. 이거 한 번 먹어 보시고 맛있으면 많이 사세요.

여자가 남자에게 과일을 '먹어 보시고 맛있으면 많이 사세요.'라고 하는 것으로 보아 여자는 마트 시식 코너에서 일하는 점원이고 남자는 손님이다. 마트 시식 코너에서 여자 점원과 남자 손님이 이야기하는 그림을 고르면 된다.

12. ①

여자: (버스 도착, 문 열리는 소리) 어떡해요. 버스 카드를 안 가지고 왔어요.

남자: 그래요? 걱정하지 마세요. 제가 대신 낼게요.

여자와 남자가 함께 버스를 타려고 하는데 여자가 버스 카드를 안 가지고 와서 당황하는 상황이다. 두 사람이 문이 열린 버스 앞에서 이야기하는 그림을 고르면 된다. 여자가 지갑을 들고 있는 것으로 보아 ①번이 답이다.

13. ③

여자: 박 선생님, 조금 전에 학생한테서 전화가 왔었어요.

남자: 그래요? 무슨 일로 전화를 했다고 하던가요?

여자: 선생님 책상에 학생 이름과 전화번호를 적어 두었어요. 전화해 보세요.

남자: 네, 고맙습니다.

여자가 남자에게 전화한 학생의 이름과 전화번호를 적어 주고 '전화해 보세요.'라고 했으므로 ③번이 답이다.
① 여자는 남자의 반 학생입니다. (X) → 알 수 없다.
② 여자는 학생의 이름을 모릅니다. (X)
→ 여자가 학생의 이름과 전화번호를 적어서 남자에게 준 것으로 보아 학생의 이름을 알고 있다.
④ 남자는 학생의 전화를 직접 받았습니다. (X)
→ 여자가 대신 받았다.

14. ④

남자: 도와줘서 고마워요. 대신 제가 오늘 저녁에 밥을 살게요.

여자: 좋아요. 식사 후에 제가 커피를 살게요.

남자: 식사를 주문하면 커피도 함께 나와요. 다음에 커피를 사 주세요.

여자: 그래요? 그럼 내일 아침 커피는 제가 살게요.

남자가 처음에 여자에게 '오늘 저녁에 밥을 살게요'라고 말하고, 여자가 '좋아요'라고 대답했으므로 ④번이 답이다.
① 남자는 커피를 싫어합니다. (X)
→ 남자가 여자에게 '다음에 커피를 사주세요.'라고 한 것으로 보아 싫어하지 않는다.
② 남자는 여자의 일을 도와주었습니다. (X)
→ 여자가 남자의 일을 도와주었다.
③ 식사 후 여자는 남자에게 커피를 살 겁니다. (X)
→ 여자는 남자에게 내일 아침에 커피를 살 것이다.

15. ②

남자: (속상한 목소리로) 아이 참, 성적이 또 떨어졌네. 선우넌 어떻게 그렇게 수학을 잘하니?

여자: 수업 시간에 집중해서 공부하고 매일 복습을 하면 잘할 수 있어.

남자: 정말? 좋겠다. 난 밤늦게까지 공부를 해도 어려워. 수학 학원에 다니까?

여자: 학원에 안 다녀도 일찍 자고 수업 시간에 열심히 하면 잘할 수 있을 거야.

밤에 일찍 자고 수업 시간에 집중해서 공부하면 수학을 잘할 수 있다고 하고 있으므로 ②번이 답이다. ①번은 남자의 생각이다.

정답 및 해설

16. ①

남자: 이것 좀 보세요. 우유 하나를 사면 하나를 더 준대요.

여자: 두 개가 필요한 사람에게는 좋지만……. 우리 필요한 만큼만 사요.

남자: 왜요? 저렴한 가격에 두 개를 사니까 좋잖아요. 이 우유로 삽시다.

여자: 그것보다 이 옆에 있는 우유 가격이 더 싸네요. 그리고 두 개는 너무 많아요.

> '필요한 만큼만 사요.', '두 개는 너무 많아요.'라고 말하고 있으므로 ①번이 답이다. ④번은 '무조건'이라는 단어 때문에 답이 될 수 없다. ③번은 남자의 생각이다.

(17~18)

여자: (딩동댕) 이번 정류장은 한국대학교입니다. 내리실 때는 차 안에 두고 내리는 물건이 없는지 다시 한번 살펴보시기 바랍니다. 안전한 운행을 위한 캠페인, "우리 다함께". 버스에 탈 때에는 내용물이 밖으로 샐 수 있는 음료나 포장되지 않은 음식물을 가지고 타지 맙시다. 음악을 들을 때는 이어폰을 사용하고, 전화 통화나 불필요한 대화는 조금만 참아 주십시오. 승객 여러분의 안전을 위해 최선을 다하겠습니다. 감사합니다. (댕동딩)

17. ②

> 버스에 탑승한 승객들을 대상으로 하는 안내 방송이다. 곧 도착할 정류장 이름과 함께 버스 안에서 승객들이 지켜야 할 예절에 대해 이야기하고 있다.

18. ③

> 안내 방송 시작 부분에서 이번에 도착할 정류장 이름이 '한국대학교'라고 했으므로 한국대학교에 갈 사람은 이번 정류장에 내려야 한다.
> ① 여자는 버스를 운전하는 기사입니다. (X)
> → 여자는 운전 기사가 아니라 버스 안내 방송에 나오는 목소리의 주인공이다.
> ② 버스 안에서 간단한 음식은 먹어도 됩니다. (X)
> → 음료나 포장되지 않은 음식물을 가지고 타지 말라고 했으므로 음식을 먹으면 안 된다.
> ④ 버스에서 전화 통화를 할 때는 이어폰을 사용해야 합니다. (X)
> → 음악은 이어폰을 사용해 들어도 되지만 전화 통화는 하지 말아야 한다.

(19~20)

남자: 어, 이상하네. 갑자기 컴퓨터 전원이 켜지지 않아요.

여자: 고장이 났나 봐요. 언제부터 그랬어요?

남자: 모르겠어요. 어젯밤까지는 괜찮았는데……. 너무 많이 사용해서 고장이 났나 봐요.

여자: 지난달에 새로 산 컴퓨터잖아요. 다른 문제는 없었어요?

남자: 아, 어제 커피를 마시다가 조금 쏟았어요. 그것 때문일까요?

여자: 그렇겠네요. 컴퓨터 주변에서는 음식물을 먹지 말고, 물이나 음료를 쏟지 않도록 조심해야 돼요.

19. ④

> 남자의 컴퓨터가 켜지지 않는 이유에 대해 이야기하고 있다. 컴퓨터가 켜지지 않는 이유는 어제 남자가 컴퓨터에 커피를 쏟았기 때문이다.

20. ③

여자가 다른 문제는 없었는지 묻자 남자가 '어제 커피를 마시다가 조금 쏟았어요.'라고 대답했으므로 ③번이 답이다.
① 남자는 컴퓨터를 고쳤습니다. (X)
　→ 아직 고치지 못했다.
② 남자는 새 컴퓨터를 살 것입니다. (X) → 알 수 없다.
④ 남자는 컴퓨터 전원 켜는 방법을 모릅니다. (X)
　→ 방법을 모르는 것이 아니라 컴퓨터가 고장 나서 전원이 켜지지 않는 것이다.

 유형 학습 전략(읽기)

 이야기의 소재 고르기

p.52

1. ①

'바지'와 '치마'는 '옷'의 한 종류이다.

2. ③

'간호사'와 '회사원'은 직업의 한 종류이다.

3. ①

'저녁'과 '7시'는 모두 '시간'과 관련된 단어이다.

4. ②

'사과'에 대한 이야기이다. '사과'는 과일의 한 종류이다.

5. ④

나와 형의 '나이'에 대한 이야기이다. '살'은 '나이'를 세는 단위이다.

유형 ② 문맥에 알맞은 표현 고르기

2-1. 짧은 글을 읽고 알맞은 표현 고르기　p.57

1. ②

'그래서'는 앞의 내용이 뒤의 내용의 이유가 될 때 사용한다. 따라서 (　　　) 안에는 시험을 잘 본 이유가 들어가야 한다. 시험을 잘 본 이유는 시험이 쉬웠기 때문이다.

정답 및 해설

2. ①

'까지'는 어떤 일이나 행동이 끝나는 것을 나타낸다. 시간을 나타낼 때는 '부터'와 함께 자주 쓰인다.

3. ③

'선생님'은 학생을 가르치는 사람이다.

4. ④

'자주'는 짧은 기간 동안 같은 일을 여러 번 하는 것을 뜻하는 단어이다.

5. ①

우체국은 편지나 소포를 보내는 곳이다. '편지를 보내다'는 '편지를 부치다'와 같은 표현이다. '붙이다'는 풀이나 테이프 등으로 무언가를 떨어지지 않게 하는 것을 뜻하는 단어이다. 두 단어가 발음은 같으므로 헷갈리지 않도록 한다.

◆ 편지를 부치다. = 편지를 보내다.
◆ 우표를 붙이다.

2-2. 긴 글을 읽고 알맞은 표현 고르기   p.61

1. ④

'낚시 카페'에서 할 수 있는 일을 찾으면 된다. 첫 번째 문장에서 '낚시를 하기 위해 멀리 가지 않아도 된다.'고 이야기하고 있으므로 '낚시 카페'에서 낚시를 할 수 있다는 것을 알 수 있다.

2. ①

'그래서'는 앞의 내용이 뒤의 내용의 이유가 될 때 사용한다. 혼자 공부하면 모르는 것을 물어볼 수 없기 때문에 친구와 함께 공부한다는 내용이다. 친구와 함께 공부하는 이유가 앞에 나오므로 '그래서'를 사용해야 한다.

3. ④

사람들과 음식을 함께 먹으면서 더 가까워진다는 내용이다. 사람들과 가까워지는 것을 '친해지다'라고 표현한다.

4. ③

'-(으)려고'는 어떤 행동을 할 생각이나 계획을 나타내는 표현이다. 선생님께 선물을 드릴 생각이므로 '드리려고'를 사용해야 한다. 받침이 있는 단어와 함께 쓸 때는 '-으려고'를 사용한다. '-(으)려고'는 동사(verb)와 함께 사용된다.

◆ 이제 학교에 가려고 한다.
◆ 이제 밥을 먹으려고 한다.

5. ②

사람은 개만큼 냄새를 맡을 수 없다고 했다. '개가 냄새를 맡는 능력은' 사람보다 뛰어나다는 이야기이다.

유형 3 세부 내용 파악하기

3-1. 실용문의 내용 파악하기   p.65

1. ②

민수 씨!
저는 집에 잘 왔어요.
오늘 민수 씨 생일 파티가
정말 재미있었어요.
내일 수업시간에 만나요.

－은정

은정 씨와 민수 씨는 내일 수업에서 만날 것이다. 따라서 민수 씨도 내일 수업이 있다.

2. ①

무료 영화

◆ 제목: 가을 이야기
◆ 일시: 10월 9일(토) 19:00
◆ 장소: 한국대학교 학생 극장

영화는 무료이다. '무료'는 '돈을 내지 않는다'는 뜻이다.

3. ②

조아분식 메뉴

라 면 3,000원   떡볶이 3,000원
만 두 4,000원   비빔밥 6,500원
김 밥 3,500원
※ 계절 메뉴(여름): 냉면 6,000원

떡볶이는 3,000원, 김밥은 3,500원이다.

4. ③

2월 1일 버스표

출발 시간	06시 40분	출발지	부산
도착 시간	11시 00분	도착지	서울
좌석	10B	가격	32,000원

출발지는 부산, 도착지는 서울이다. 부산에서 서울로 가는 버스이다.

5. ④

자동차 박물관 안내

◆요 일: 월요일~토요일
◆시 간: 09:30~18:00
◆입장료: 어른 5,000원, 어린이 3,000원

어린이도 갈 수 있다.

3-2. 서술문의 내용 파악하기   p.69

1. ④
저는 보통 자전거를 타고 출근합니다. 자전거를 타면 운동도 할 수 있어서 좋습니다. 그런데 오늘은 다리가 아파서 택시를 타고 출근했습니다.

① 오늘은 회사에 가지 않았습니다. (X)
  → 오늘은 택시를 타고 출근했다.
② 저는 회사에 가서 운동을 합니다. (X)
  → 알 수 없는 내용이다.
③ 저는 보통 택시를 타고 회사에 갑니다. (X)
  → 보통 자전거를 타고 회사에 간다.

2. ②
저는 토요일마다 등산을 합니다. 등산을 하면 몸이 튼튼해집니다. 또 기분도 좋아집니다.

① 저는 운동을 많이 합니다. (X)
  → 알 수 없는 내용이다.
③ 저는 토요일을 좋아합니다. (X)
  → 알 수 없는 내용이다.
④ 저는 지금 기분이 좋습니다. (X)
  → 이 사람은 등산을 하면 기분이 좋아진다.
'매주'는 '각각의 주에 빠짐없이'라는 뜻이다. '마다'는 '빠짐없이 모두'라는 뜻으로 '토요일마다'는 '모든 토요일에'라는 뜻이다.

3. ①

저는 모자를 좋아합니다. 모자를 쓰면 더 예쁘게 보입니다. 그래서 모자가 여러 개 있습니다. 옷의 색깔이나 장소에 따라 다른 모자를 씁니다.

> ② 저는 예쁘게 생겼습니다. (X)
> → 알 수 없는 내용이다.
> ③ 저는 모자를 예쁘게 만듭니다. (X)
> → 알 수 없는 내용이다.
> ④ 저는 매일 같은 모자를 씁니다. (X)
> → 옷의 색깔이나 장소에 따라 다른 모자를 쓴다.

4. ④

휴대폰으로 게임을 너무 오래하면 건강에 좋지 않습니다. 눈이 피곤해지고, 목이 아픕니다. 또, 손목도 안 좋아집니다. 그렇기 때문에 휴대폰 게임은 많이 하지 않는 것이 좋습니다.

> ① 휴대폰 게임은 재미있습니다. (X)
> → 알 수 없는 내용이다.
> ② 휴대폰 게임을 하면 눈이 좋아집니다. (X)
> → 휴대폰 게임을 하면 눈이 피곤해진다.
> ③ 휴대폰 게임은 자주하는 것이 좋습니다. (X)
> → 휴대폰 게임은 자주 하지 않는 것이 좋다.

5. ③

저는 중국 사람이지만 한국에 살고 있습니다. 한국어를 공부하고 있지만, 아직 잘하지 못합니다. 저의 한국인 친구는 저에게 한국어를 가르쳐 주고, 저는 그 친구에게 중국어를 가르쳐 줍니다. 함께 공부하는 것이 재미있습니다.

> ① 저는 한국어를 잘합니다. (X)
> → 한국어를 아직 잘 못한다.
> ② 친구는 중국에 살고 있습니다. (X)
> → 나는 한국에 살면서 친구를 만나므로, 친구도 한국에 살고 있다.
> ④ 저는 친구에게 한국어를 가르쳐 줍니다. (X)
> → 나는 친구에게 중국어를 가르쳐 준다. 친구가 나에게 한국어를 가르쳐 준다.

유형 4 중심 내용 파악하기

4-1. 글의 목적 파악하기
p.72

1. ④

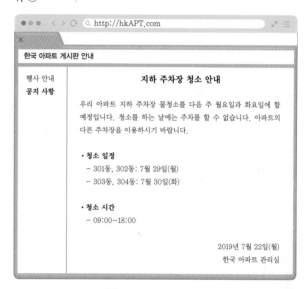

지하 주차장을 청소하는 날에는 지하 주차장에 주차를 할 수 없다. 그래서 청소 날짜와 시간을 안내하기 위해 이 글을 썼다.

2. ③

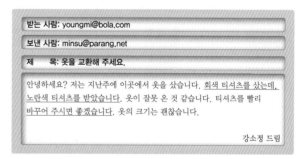

강소정 씨는 회색 티셔츠를 노란색 티셔츠로 바꾸고 싶어서 메일을 썼다.

3. ②

학생회에서 가을 음악회를 안내하는 글이다. 많은 학생들을 음악회에 초대하기 위해 이 글을 썼다.

4. ①

책상 위에 두고 사용할 수 있는 작은 선풍기를 팔고 싶어서 이 글을 썼다.

5. ④

말하기 대회에 참가하는 학생들에게 보내는 메일이다. 말하기 대회를 하는 장소와 모임 시간을 알려주기 위해 메일을 썼다.

4-2. 글의 주제 파악하기   p.76

1. ③

열쇠를 사용하지 않고도 문을 열 수 있는 다양한 방법을 소개하고 있다.

2. ②

감기에 걸리기 전에 감기를 막을 수 있는 방법들에 대한 이야기이다.

3. ④

설날과 추석에 먹는 음식에 대한 내용이다.

4. ①

요리에 대한 관심이 많아져 요리 프로그램과 요리사의 인기가 높아졌다는 내용이다.

정답 및 해설

5. ③

휴대 전화로 할 수 있는 여러 일들을 소개하고 있다.

4-3. 글쓴이의 중심 내용 파악하기   p.79

1. ③

스키를 좋아하기 때문에 빨리 겨울이 되기를 바라고 있다
는 이야기이다.

2. ④

경찰관이라는 꿈을 위해 매일 운동한다는 내용이다.

3. ②

민수 씨가 배탈이 나서 결석을 하였다. 민수 씨가 걱정이
되기 때문에 수업이 끝나고 병문안을 갈 것이라는 내용
이다.

4. ④

친구가 먼 곳으로 이사 가면 자주 만나기 어려우므로 이사
를 가지 않았으면 좋겠다는 이야기이다.

5. ②

미우 씨가 어려운 수학 숙제를 도와주어 나는 미우 씨의 한
국어 공부를 도와줄 것이라는 내용이다. 미우 씨가 고마웠
기 때문이다.

유형 5 문장의 관계 파악하기

5-1. 문장 순서 정하기   p.83

1. ②

(가) 저는 종이컵을 많이 썼습니다.
(라) 그런데 종이컵은 바로 쓰레기가 됩니다.
(다) 그래서 가지고 다닐 컵을 샀습니다.
　　　종이컵은 바로 쓰레기가 돼서
(나) 이제부터 그 컵을 쓰려고 합니다.
　　　　　　새로 산 컵

2. ②

(가) 토니 씨가 전화를 했습니다.
(다) 저는 그때 도서관에 있었습니다.
　　　　토니 씨가 전화를 했을 때
(나) 그래서 전화를 받지 못했습니다.
　　　도서관에 있어서
(라) 집에 갈 때 토니 씨에게 전화를 했습니다.
　　　토니 씨 전화를 받지 못했기 때문에

3. ④

(다) 우산을 우체국에 두고 나왔습니다.
(라) 우산이 없는 것을 알고 다시 우체국에 갔습니다.
　　　　　　　　우체국에 우산이 있기 때문에
(나) 다행히 우산은 그곳에 있었습니다.
　　　　　　　우체국
(가) 우산을 찾아서 기분이 좋았습니다.

4. ①

(가) 은정 씨는 산을 좋아합니다.
(나) 왜냐하면 공기가 맑기 때문입니다.
　　　산을 좋아하는 이유 1
(다) 또, 산에 올라가면 건강에도 좋습니다.
　　　산을 좋아하는 이유 2
(라) 그래서 은정 씨는 매주 등산을 합니다.
　　　공기가 맑고, 건강에도 좋아서

5. ④

> (나) 아빠와 야구 경기를 보러 야구장에 갔습니다.
> (라) 사람들이 많아 오래 기다려 표를 사고 야구장에 들어
>   갔습니다.
> (가) 열심히 응원하다 보니 배가 고팠습니다.
> 야구와 같은 운동 경기를 보면서 선수들이 힘을 내도록 돕는 일
> (다) 그래서 경기가 끝나고 비빔밥을 사 먹었습니다.
>   배가 고파서

5-2. 문장이 들어갈 곳 고르기   p.87

1. ②

> 사람들은 보통 텔레비전 프로그램을 볼 때 조용히 보지만
> 나의 가족은 이야기를 많이 하면서 본다는 내용이다. 주어
> 진 문장은 텔레비전을 볼 때 이야기를 많이 한다는 내용이
> 기 때문에 이야기의 내용을 소개하는 문장 앞에 들어가야
> 한다.

2. ②

> 주어진 문장은 기분에 따라 다른 음악을 듣는다는 내용이
> 므로 기분에 따라 듣는 음악 종류를 소개하는 문장 앞에 나
> 와야 한다.

3. ③

> 사진 동아리 활동의 좋은 점을 이야기하고 있다. 마지막 문
> 장에 사용된 '무엇보다'라는 표현은 '다른 것보다 가장'이라
> 는 뜻을 나타낸다. 따라서 다른 것들이 나오고 주로 마지막
> 에 사용된다. 주어진 문장은 동아리 활동의 좋은 점 중 하
> 나를 나타내는 것으로 '무엇보다'라는 표현 앞에 나와야 한
> 다.

4. ②

> 주어진 문장은 '그러나'로 시작된다. '그러나'는 앞의 내용
> 이 뒤의 내용과 반대되는 내용일 때 사용하는 단어이다. 주
> 어진 문장이 운동을 하고 나서 한 번에 너무 많은 물을 마
> 시면 위험하다는 내용이므로 앞에는 물을 많이 마셔야 한
> 다는 내용이 와야 한다.

5. ①

> 반려동물을 키우는 사람들이 늘어나면서 반려동물 종류와
> 물품, 시설 등이 다양해졌다는 내용이다. 주어진 문장에 사
> 용된 '이렇게'는 '앞의 내용과 같이'라는 뜻이므로 주어진
> 문장 앞에도 '반려동물'에 대한 설명이 나와야 한다.

정답 및 해설

읽기 영역 모의고사   p.89

TOPIK Ⅰ 듣기(1번~ 20번)

1	④	2	②	3	③	4	④	5	①
6	①	7	②	8	④	9	②	10	②
11	④	12	③	13	①	14	①	15	④
16	①	17	②	18	②	19	④	20	②

1. ④

'수요일'과 '목요일'은 '요일'을 나타내는 단어이다.

◆ 월요일, 화요일, 수요일, 목요일, 금요일, 토요일, 일요일

2. ②

'활발하다', '조용하다'는 '성격'을 나타내는 단어이다. '활발하다'라는 단어는 성격이 힘 있고 시원한 사람을 나타낼 때 사용하며, '조용하다'라는 단어는 말이 별로 없고 얌전한 사람을 나타낼 때 사용한다.

3. ③

'에서'는 행동이 일어나는 장소를 나타낼 때 사용한다. 학교 운동장은 축구 경기가 일어나는 장소이기 때문에 '에서'를 사용해야 한다.

4. ④

책을 빌리는 곳은 '도서관'이다.

5. ①

강아지를 키우는 이유는 동물을 좋아하기 때문이다.

6. ①

'너무'는 어떠한 정도를 넘는 상태를 나타내는 단어이다.

7. ②

〈영화 시간표〉

시간	2월 1일(토)
10시 15분 ~ 12시 00분	만화 '후당이'
13시 00분 ~ 14시 20분	'그 사람'
15시 00분 ~ 17시 00분	'우주를 지켜라'
19시 05분 ~ 21시 30분	'겨울 노래'

'겨울 노래'는 2시간 25분 동안 한다.

8. ④

외국인을 위한 무료 태권도 교실

태권도를 배우고 싶으세요?
그럼 우리 태권도 교실에 오세요!
처음 배우는 사람도 따라 하기 쉽게 태권도를 가르쳐 드립니다.

일시: 매주 수요일 오후 2시-4시
장소: 한국대학교 1층 체육관

태권도를 처음 배우는 사람도 참여할 수 있다.

9. ②

지난 주말에 비행기를 타고 가족과 제주도에 갔습니다. 경치가 매우 아름다워서 사진을 많이 찍었습니다. 다음에도 또 가고 싶습니다.

① 저는 비행기를 못 탑니다. (X)
   → 비행기를 타고 제주도에 갔다.
③ 가족과 제주도를 가려고 합니다. (X)
   → 지난 주말에 가족과 제주도에 갔다.
④ 저는 제주도 사진을 찍지 못했습니다. (X)
   → 사진을 많이 찍었다.

10. ②

저는 기분이 좋지 않을 때 즐거운 노래를 듣습니다. 음악을 들으며 노래를 따라 부릅니다. 그러면 걱정이 줄고 마음이 편안해집니다.

① 저는 노래를 잘 부릅니다. (X)
  → 알 수 없는 내용이다.
③ 저는 마음이 편안할 때 즐거운 노래를 듣습니다.(X)
  → 기분이 좋지 않을 때 즐거운 노래를 듣는다.
④ 저는 노래를 들으며 따라 부르는 것이 즐겁지 않습니다. (X)
  → 노래를 들으며 따라 부르면 걱정이 줄고 마음이 편안해진다.

11. ④

다음 달에 있을 수영 대회를 위해 더 열심히 노력한다는 내용이다.

12. ③

다음 달에 좋아하는 가수의 공연을 꼭 보러 가겠다는 내용이다.

13. ①

'-(는)ㄴ다면'은 아직 일어나지 않은 일을 일어난다고 생각하고 이야기할 때 사용한다. 여행을 같이 갈 사람이 있는지 없는지 아직 모르기 때문에 '있다면'을 사용해야 한다.

14. ①

여행을 갈 때 필요한 짐을 챙기는 방법에 대한 이야기이다.

15. ④

| 받는 사람: youngmi@bola.com |
| 보낸 사람: minsu12@parang, net |
| 제   목: '김치 만들기' 신청자 여러분께 |

안녕하세요? '김치 만들기'에 신청해 주셔서 감사합니다. '김치 만들기'는 오전 10시부터 12시까지 합니다. '김치 만들기'가 끝나면 점심 식사를 함께 할 겁니다. 점심 메뉴는 우리가 만든 김치와 미역국, 불고기입니다. '김치 만들기'를 신청한 학생들은 학생 회관으로 시작 30분 전까지 와 주시기 바랍니다.
                                                                                                                                                    한국대학교 학생회

16. ①

② '김치 만들기'는 열 시간 동안 진행됩니다. (X)
  → '김치 만들기'는 열 시부터 시작한다.
③ 신청자는 점심 도시락을 준비해 가야 합니다. (X)
  → 점심 메뉴는 함께 만든 김치와 미역국, 불고기이다.
④ 신청자는 10시 30분까지 학생회관으로 가야 합니다. (X)
  → 시작 30분 전까지 가야 한다. 10시에 시작하므로 9시 30분까지 가야 한다.

17. ②

(나) 요즘에는 휴대폰으로 많은 일을 할 수 있습니다.
(가) 제가 가장 많이 사용하는 것은 카메라 기능입니다.
                                        휴대폰 카메라
(라) 휴대폰으로 찍은 사진도 카메라로 찍은 사진만큼 예쁘게 나옵니다.
(다) 그래서 카메라보다 휴대폰으로 사진을 더 자주 찍습
    휴대폰으로 찍은 사진도 카메라로 찍은 사진만큼 예쁘게 나와서
    니다.

18. ②

(가) 우리 마을은 바다가 유명합니다.
(나) 바다가 깨끗하고 경치가 아름답기 때문입니다.
    우리 마을 바다가 유명한 이유
(라) 그래서 해마다 여름이면 사람들이 우리 마을에 많이
    바다가 깨끗하고 경치가 아름다워서
    찾아옵니다.
(다) 이번 여름에도 많은 사람들이 우리 마을에 놀러 왔습니다.

정답 및 해설

19. ④

주어진 문장은 아저씨께서 휴대폰을 찾아 주셨다는 내용이다. 따라서 아저씨가 고맙다는 문장 앞에 와야 한다. 주어진 문장의 '그때'는 '친구들과 휴대폰을 찾고 있던 때'를 말한다.

20. ②

① 저는 식당 앞에서 자전거를 탔습니다. (X)
　→ 공원에서 자전거를 탔다.
③ 식당에서 점심을 먹은 후 친구들을 만났습니다. (X)
　→ 친구들과 식당에서 점심을 먹었다.
④ 아저씨께서 휴대폰을 공원에서 가져가셨습니다. (X)
　→ 아저씨께서 휴대폰을 찾아 주셨다.

듣기

1	③	2	②	3	④	4	④	5	③	6	③	7	②	8	④
9	②	10	①	11	①	12	②	13	①	14	②	15	④	16	②
17	④	18	①	19	②	20	③	21	②	22	①	23	④	24	④
25	②	26	③	27	④	28	④	29	③	30	①				

읽기

31	①	32	④	33	②	34	②	35	③	36	①	37	④	38	③
39	①	40	②	41	①	42	①	43	④	44	③	45	④	46	③
47	④	48	④	49	①	50	④	51	①	52	②	53	③	54	④
55	④	56	①	57	③	58	②	59	④	60	②	61	③	62	①
63	④	64	③	65	③	66	②	67	④	68	④	69	②	70	③

TOPIK I 듣기(1번~ 30번)　　　　　　　　　　p.101

1. ③

여자: 수박이 커요?
남자: _____

'네, 수박이 커요.' 또는 '아니요, 수박이 작아요.', '아니요, 수박이 크지 않아요.'라고 말할 수 있으므로 ③번이 답이다.

◆크지 않다 = 안 크다

2. ②

여자: 비가 와요?
남자: _____

'네, 비가 와요.' 또는 '아니요, 비가 오지 않아요.', '아니요, 비가 안 와요.'라고 말할 수 있으므로 ②번이 답이다.

3. ④

남자: 수업이 끝나고 어디에 가요?
여자: _____

'어디'에 대한 적절한 대답을 고르는 문제이므로 ④번이 답이다.

4. ④

여자: 무슨 선물을 받고 싶어요?

남자: _____

'무슨 선물(⇒무엇)'에 대한 적절한 대답을 고르는 문제이므로 ④번이 답이다.

5. ③

여자: 음식이 더 있으니 많이 드세요.

남자: _____

'많이 드세요.'는 음식을 대접하는 사람이 하는 인사말이다. 음식을 권유하는 인사말에 대한 적절한 대답을 고르는 문제이므로 ③번이 답이다.

6. ③

남자: 실례합니다. 볼펜 좀 빌려 주시겠어요?

여자: _____

'-아/어 주시겠어요?'는 부탁할 때 쓰는 표현이므로 ③번이 적절하다.

7. ②

여자: 검은색 가방은 많으니 다른 색깔 좀 보여 주세요.

남자: 그럼 이 파란색 가방은 어떠세요?

가방을 파는 가게에서 나눌 수 있는 대화이다. 여자는 손님이고 남자는 가방 파는 가게 점원이다.

8. ④

남자: 한국 여행지에 대한 책은 어디에 있어요?

여자: 3층으로 올라가면 찾을 수 있습니다.

남자는 도서관에 책을 보러 온 사람이고 여자는 도서관 직원이다. 여자가 남자에게 필요한 책이 있는 곳을 안내해 주고 있다.

9. ②

여자: 뭘로 드시겠어요?

남자: 불고기 2인분 주세요.

여자는 식당 점원이고 남자는 손님이다. 남자가 점원에게 음식을 주문하는 상황이다.

10. ①

남자: 선생님, 시험이 언제예요?

여자: 다음 주 수요일이에요.

남자는 학생이고 여자는 선생님이다. 교실에서 선생님과 학생이 시험 날짜에 대해 이야기하고 있는 상황이다.

11. ①

여자: 문제가 어려워서 시간이 조금 부족했어요.

남자: 열심히 공부했으니 합격할 거예요.

'문제', '공부', '합격'은 시험과 관련된 단어들이다.

12. ②

남자: 저는 베트남에서 왔어요.

여자: 반가워요. 저는 중국에서 왔어요.

남자와 여자가 서로 자신의 고향이 어디인지 이야기하고 있다. 나라 이름이나 도시 이름 뒤에 '~에서 오다'라는 표현을 사용하면 국적 또는 고향을 의미한다.

13. ①

여자: 오늘 오후부터 비가 많이 온대요.

남자: 우산을 가지고 가야겠네요.

'비'와 '우산'이라는 단어로 보아 날씨에 대해 이야기하고 있는 것을 알 수 있다.

14. ②

남자: 저는 달리기 선수예요.

여자: 저는 학교에서 학생들에게 체육을 가르쳐요.

> 남자와 여자가 서로 자신의 직업을 이야기하고 있다. 남자
> 는 달리기 선수이고 여자는 체육 선생님이다.

15. ④

여자: 이 모자 어때요?

남자: 그것도 예쁘지만 이 모자가 더 잘 어울릴 것 같아요.

> 여자와 남자가 모자 가게에서 여자의 모자를 고르고 있는
> 그림을 고르면 된다. 이때, 여자가 모자 하나를 쓰고 있고,
> 남자는 다른 모자 하나를 들고 있어야 한다. '이 모자'라는
> 말에서 '이'는 자기한테 가까운 곳에 있는 물건을 가리킬
> 때 사용하는 단어이다.

16. ②

남자: 여보, 치약이 다 떨어졌어요.

여자: 그래요? 새 치약 여기 있어요.

> 남자와 여자는 부부 사이이다. 여자가 남자에게 치약을 주
> 는 그림을 고르면 된다. '다 떨어지다'라는 표현은 다 사용
> 해서 남은 것이 없다는 의미이다.

17. ④

여자: 회사 앞에 새 커피숍이 문을 열었어요.

남자: 저도 오늘 출근하는 길에 봤어요. 어제까지는 준비 중
　　　이었는데…….

여자: 오늘부터 한 달 동안은 커피를 사면 쿠키를 준대요. 음
　　　료 가격도 반값이고요.

남자: 그래요? 그럼 오늘 점심시간에 같이 가요. 제가 살게요.

> 커피를 사면 쿠키를 준다고 했으므로 쿠키는 값은 내지 않
> 아도 된다.
> ① 회사 앞 커피숍은 어제 문을 열었습니다. (X)
> 　→ 오늘 문을 열었다.
> ② 회사 앞 커피숍은 한 달 후 문을 닫습니다. (X)
> 　→ 알 수 없다.
> ③ 두 사람은 내일 점심시간에 커피숍에 갈 것입니다. (X)
> 　→ 오늘 점심시간에 갈 것이다.

18. ①

여자: 목도리가 예쁘네요. 진호 씨한테 잘 어울려요.

남자: 지난 주 일요일에 친구가 생일 선물로 주었어요. 제가
　　　좋아하는 색깔이어서 좋아요.

여자: 생일을 왜 말해 주지 않았어요? 늦었지만 생일 축하
　　　해요.

남자: 축하해 줘서 고마워요.

> 남자가 목도리에 대해 '제가 좋아하는 색깔이어서 좋아요.'
> 라고 말했으므로 ①번이 답이다.
> ② 여자는 남자에게 생일 선물을 주었습니다. (X)
> 　→ 여자는 남자의 생일을 알지 못해서 선물을 주지 못
> 　　했다.
> ③ 여자는 남자의 생일에 친구를 만났습니다. (X)
> 　→ 알 수 없다.
> ④ 남자는 오늘 여자와 생일파티를 할 겁니다. (X)
> 　→ 알 수 없다.

19. ②

남자: 김 선생님 소식 들었어요? 다음 달에 결혼을 한대요.

여자: 네. 셋째 주 토요일 1시에 '행복예식장'에서 한대요.

남자: 그래요? 지하철역에서 만나서 같이 가요.

여자: 네, 그래요. 예비 신부가 미인이어서 김 선생님이 행복
　　　하겠어요.

> 여자가 마지막에 '예비 신부가 미인이어서'라고 한 것으로
> 보아 ②번이 답이다.
> ① 여자는 김 선생님의 결혼 소식을 모릅니다. (X)
> 　→ 결혼식 날짜와 시간, 장소를 알고 있다.
> ③ 남자와 여자는 결혼식장 앞에서 만날 겁니다. (X)
> 　→ 지하철역에서 만나서 식장으로 같이 갈 것이다.
> ④ 남자는 다음 달 셋째 주 토요일에 결혼을 할 겁니다. (X)
> 　→ 남자가 아니라 김 선생님이 결혼할 것이다.

20. ③

여자: 김영훈 감독 영화가 내일 개봉한대요. 같이 보러 가실 래요?

남자: 네. 내일 오후에 시간이 괜찮아요. 유명한 감독인가요?

여자: 은행원이었는데 꿈을 잃지 않고 결국 감독이 되었어요. 좋은 작품을 많이 만들었어요.

남자: 와! 훌륭한 감독이네요. 내일 볼 영화도 훌륭하겠죠?

> 여자가 남자에게 내일 같이 영화 보러 가자고 이야기했고, 남자가 오후에 시간이 괜찮다고 하였으므로 ③번이 답이다.
> ① 남자의 직업은 은행원입니다. (X)
> → 알 수 없다. 은행원은 영화감독의 예전 직업이다.
> ② 여자는 영화감독이 되려고 합니다. (X)
> → 상관없는 내용이다.
> ④ 남자는 내일 아침에 영화를 볼 수 있습니다. (X)
> → 남자는 내일 오후에 시간이 있다.

21. ②

남자: 안녕하세요? 어제 산 셔츠를 다른 것으로 교환하고 싶은데요.

여자: 무슨 문제가 있으신가요?

남자: 집에 가서 보니 소매에 얼룩이 묻어 있더라고요. 새 것으로 교환해 주세요.

여자: 어쩌죠? 지금은 새 상품이 없어요. 새로 주문해서 택배로 보내 드릴게요.

> 여자가 마지막에 '새로 주문해서 택배로 보내 드릴게요.'라고 했으므로 ②번이 답이다.
> ① 남자는 셔츠의 소매 모양이 싫습니다. (X)
> → 셔츠의 모양이 싫은 것이 아니라 셔츠에 얼룩이 묻어 있어서 바꾸려고 한다.
> ③ 이미 산 상품은 새것으로 바꿀 수 없습니다. (X)
> → 새 상품을 주문해서 교환해 주기로 했다.
> ④ 남자는 셔츠의 사이즈를 더 큰 것으로 바꾸려고 합니다. (X)
> → 같은 상품을 깨끗한 새것으로 바꾸려고 한다.

22. ①

남자: 어제 헬스클럽에서 늦게까지 운동을 했더니 좀 피곤하네요.

여자: 운동을 많이 하세요? 운동은 적당히 해야 해요.

남자: 저는 평소에 운동을 안 하기 때문에 한 번 할 때 많이 해요.

여자: 그러면 오히려 다치거나 몸에 좋지 않을 텐데요.

> 운동을 '적당히' 해야 좋다는 말과 운동을 너무 많이 하면 '다치거나 몸에 좋지 않을 텐데요.'라고 말한 것으로 보아 ①번이 답이다.

23. ④

남자: 내일 저녁 7시로 예약을 하고 싶은데요.

여자: 죄송합니다. 저희 식당은 예약을 받지 않습니다.

남자: 그래요? 날씨가 좋지 않을 때에는 예약을 받아 주면 좋을 텐데요.

여자: 그냥 오시는 손님들이 많아서요. 빈자리가 있는데 예약이 있어서 앉을 수 없으면 오신 손님들께 죄송하잖아요.

> 여자가 예약을 받지 않는 이유로 예약하지 않고 그냥 오는 손님들에게 죄송하기 때문이라고 이야기하고 있으므로 ④번이 답이다. ②번은 남자의 생각이다.

24. ④

여자: 이번 명절에 부모님 댁에 갈 때는 대중교통을 이용해요.

남자: 글쎄요. 아이들 때문에 짐이 많아서 대중교통으로 가면 힘들지 않을까요?

여자: 자가용으로 가면 길이 막혀서 시간이 오래 걸리잖아요. 애들도 차 안에 오래 있으면 답답할 거예요.

남자: 그래도 그냥 자가용으로 가는 것이 편할 텐데……

> 여자가 명절에는 길이 막히기 때문에 시간이 오래 걸리고 아이들도 힘들어하니까 대중교통을 이용하자고 하고 있으므로 ④번이 답이다. ①번은 남자의 생각이다.

(25~26)

여자: (딩동댕) 총무팀에서 안내드립니다. 다음 주부터 직원 여러분의 건강을 위해 간단한 아침 식사를 만들어 드립니다. 아침 식사를 원하시는 분은 지하 1층 직원 식당에 '해피모닝' 신청서를 내시면 됩니다. 아침 식사는 매주 월요일부터 금요일 아침 7시에 직원 식당에서 제공될 계획입니다. 신청서 마지막 부분에는 희망하는 메뉴를 적는 칸이 있습니다. 직원 여러분의 다양한 의견 부탁드립니다. 감사합니다. (댕동딩)

25. ②

여자가 회사 방송을 통해 직원들에게 해피모닝에 대해 안내하고 있다. 해피모닝의 일정과 내용, 신청 방법에 대해 설명하고 있다.

26. ③

'총무팀', '직원' 등의 단어를 통해 회사에서 직원들을 대상으로 하는 방송임을 알 수 있다. "다음 주부터 ~ 아침 식사를 만들어 드립니다."라고 했으므로 ③번이 답이다.
① 아침 식사를 해서 직원들의 건강이 좋아졌습니다. (X)
  → 아침 식사 제공은 아직 시작되지 않았다.
② 아침 식사 메뉴를 정하면 사무실로 가져다 줍니다. (X)
  → 아침 식사는 지하 1층 직원 식당에서 제공된다.
④ 매일 아침 원하는 메뉴를 식당 직원에게 이야기하면 됩니다. (X)
  → 매일 아침에 이야기하는 것이 아니라 신청서에 메뉴에 대한 의견을 적을 수 있다.

(27~28)

여자: 오늘 낮에 우리 회사에서 노래대회가 있었어요. 제가 1등을 했어요.
남자: 정말 대단해요. 축하해요. 저는 노래를 잘 못해서 노래 잘하는 사람이 부러워요.
여자: 저도 잘 못하는데, 연습을 많이 했어요. 그리고 노래를 잘하기 위해서는 노래를 많이 들어야 해요.
남자: 그래요? 저도 노래를 많이 듣는데 잘하지는 못하겠던 걸요.
여자: 우선 자기한테 맞는 노래를 찾는 것이 중요해요.
남자: 오늘부터 저도 다시 노래 연습을 시작해야겠어요.

27. ④

여자가 남자에게 노래를 잘 부르는 방법에 대해 알려주고 있으므로 ④번이 답이다. 노래를 잘 부르려면 노래를 많이 듣고, 자기한테 맞는 노래를 찾아 연습해야 한다고 말하고 있다.

28. ④

처음에 여자가 오늘 낮에 회사 노래대회에서 1등을 했다고 말했으므로 ④번이 답이다.
① 여자의 직업은 가수입니다. (X)
  → 여자는 회사원이다.
② 여자와 남자는 노래방에 갈 겁니다. (X)
  → 상관없는 내용이다.
③ 여자는 남자와 자주 노래를 부릅니다. (X)
  → 상관없는 내용이다.

(29~30)

남자: 준희 씨, 혹시 오늘 저녁에 시간이 있어요? 할머니 선물을 사려고 하는데 같이 가 줄 수 있나 하고요.

여자: 네, 마침 약속이 취소되어서 여유가 있어요. 어떤 선물을 사고 싶어요?

남자: 이번 주 수요일이 할머니 생신인데, 생신에 옷을 한 벌 선물해 드리고 싶어요.

여자: 그래요? 할머니가 좋아하시는 색깔이 무슨 색이에요?

남자: 할머니는 분홍색을 좋아하세요. 여기 할머니 사진이 있어요.

여자: 아름다우시네요. 명동에 제가 잘 가는 옷 가게가 있어요. 여기서 5시에 출발하기로 해요.

29. ③

할머니 선물을 고민하고 있는 남자에게 여자가 명동에 있는 옷 가게로 안내해 주겠다고 말하고 있으므로 ③번이 답이다.

30. ①

여자가 할머니가 좋아하는 색깔을 물어보았고, 남자가 분홍색이라고 대답하였다.

② 남자는 할머니 생신 선물로 구두를 살 겁니다. (X)
　→ 옷을 살 것이다.

③ 남자와 여자는 오늘 오후에 파티를 할 겁니다. (X)
　→ 할머니 생신 선물을 사러 명동에 갈 것이다.

④ 남자는 이번 주 수요일에 여자와 약속이 있습니다. (X)
　→ 이번 주 수요일은 할머니 생신이다. 남자와 여자는 오늘 오후 5시에 약속이 있다.

31. ①

'부모님'과 '누나'는 '가족'이다. '부모님'은 아버지와 어머니를 함께 가리키는 단어이다.

32. ④

'봄'과 '여름'은 '계절'을 나타내는 단어이다.

◆ 계절을 나타내는 단어: 봄, 여름, 가을, 겨울

33. ②

'취미'는 즐기기 위해 하는 활동을 뜻하는 단어이다.

34. ②

'과'는 둘 이상의 명사(noun)를 연결할 때 사용한다. 앞의 단어에 받침이 없으면 '와'를 사용한다.

◆ 연필과 지우개
◆ 지우개와 연필

35. ③

비가 올 때 사용하는 것은 '우산'이다.

36. ①

학교에 버스를 타고 가는 이유는 학교가 멀기 때문이다.

37. ④

'별로'는 '생각했던 것보다 많이'라는 뜻으로 부정적인 (negative) 표현에 사용한다.

정답 및 해설

38. ③

무언가를 배우는 사람이 '학생'이다.

39. ①

눈이나 비는 '오다' 또는 '내리다'라고 표현한다.

◆ 눈이 오다./비가 오다.

◆ 눈이 내리다./비가 내리다.

40. ②

봄 학기 한국어 수업 시간 안내

과목	요일	시간	장소
한국어 말하기	월, 수, 금	09:00–10:30	103호
한국어 듣기	월, 수, 금	11:00–12:30	103호
한국어 쓰기	화, 목	09:00–10:30	105호
한국어 읽기	화, 목	11:00–12:30	105호

'한국어 듣기'는 월요일, 수요일, 금요일에, '한국어 쓰기'는 화요일, 목요일에 수업한다.

41. ①

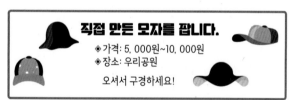

① 모자의 가격은 모두 같습니다. (X)

→ 모자 가격은 5천원부터 1만원까지이다. 모자 가격은 <u>모두 다르다.</u>

42. ①

① 민국 씨는 식당에 있습니다. (X)

→ 민국 씨는 차가 막혀 아직 <u>식당에 도착하지 못했다.</u>

43. ④

저녁에 친구를 만났습니다. 친구와 저녁을 먹고 영화를 보았습니다. 영화가 늦게 끝났습니다.

① 친구만 영화를 보았습니다. (X)

→ 친구와 영화를 보았다.

② 영화가 일찍 시작했습니다. (X)

→ 알 수 없는 내용이다.

③ 저녁을 먹고 친구를 만났습니다. (X)

→ 친구와 저녁을 먹었다.

44. ③

<u>오늘은 동생 생일입니다.</u> 동생에게 축하 편지를 썼습니다. 그리고 <u>모자를 사 주었습니다.</u>

① 동생 생일은 어제였습니다. (X)

→ 동생 생일은 오늘이다.

② 저는 생일 선물을 받았습니다. (X)

→ 동생이 생일 선물을 받았다.

④ 동생이 저에게 편지를 썼습니다. (X)

→ 내가 동생에게 편지를 썼다.

45. ③

<u>저는 요리를 잘 합니다.</u> 맛있는 음식을 해서 친구들을 가끔 초대합니다. <u>친구들이 맛있게 먹으면 기분이 좋습니다.</u>

① 친구는 맛있게 요리를 합니다. (X)

→ 내가 맛있게 요리한다.

② 저는 요리하는 것이 어렵습니다. (X)

→ 나는 요리를 잘한다.

④ 저는 맛있는 음식을 먹으면 기분이 좋습니다. (X)

→ 친구들이 내 음식을 맛있게 먹으면 기분이 좋다.

46. ③

오늘 무척 바쁘다는 내용이다.

47. ④

주말마다 야구를 하면서 친구들과 친해진다는 내용이다.

48. ④

지선 씨는 활발하고, 은정 씨는 조용하지만 두 사람이 매우 친하다는 내용이다.

49. ①

다음날 일어날 일이므로 '가르칠'이 들어가야 한다.

50. ④

① 저는 수학을 배웁니다. (X)
  → 나는 수학 선생님이다.
② 저는 방학마다 여행을 갑니다. (X)
  → 방학에 가끔 여행을 간다.
③ 저는 학교에 갈 준비를 합니다. (X)
  → 알 수 없는 내용이다.

51. ①

'-아/어서'는 방법을 나타내는 표현이다. 다른 채소로 김치를 담그는 방법에 대해 이야기하고 있으므로 '이용해서'를 괄호에 넣어야 한다.

52. ②

① 김치는 다 같은 맛을 냅니다. (X)
  → 김치는 맛이 다양하다.
③ 집에서 담근 김치가 제일 맛있습니다. (X)
  → 알 수 없는 내용이다.
④ 한국에서 다양한 종류의 김치를 먹을 수 없습니다. (X)
  → 한국 김치의 종류는 다양하다.

53. ③

글자는 '적다'라는 동사(verb)와 자주 함께 사용된다.

54. ④

① 한글은 배우기 어렵습니다. (X)
  → 한글은 누구나 쉽게 배울 수 있다.
② 한글을 만든 사람은 누군지 모릅니다. (X)
  → 한글은 세종대왕이 만들었다.
③ 한글의 모음은 사람 모양과 비슷합니다. (X)
  → 한글의 모음은 사람을 뜻한다.

55. ④

시장에서 일하는 분들을 보면 힘이 나기 때문에 물건을 사지 않아도 시장을 간다는 내용이다. '그래서'는 앞의 내용이 뒤의 내용의 이유가 될 때 사용한다.

56. ①

② 저는 시장에서 일을 합니다. (X)
  → 알 수 없는 내용이다.
③ 전통 시장은 저희 집과 멉니다. (X)
  → 집 앞에 시장이 있다.
④ 저는 물건을 살 때만 전통 시장에 갑니다. (X)
  → 물건을 사지 않아도 시장 구경을 간다.

57. ③

(다) 옛날에는 다른 나라의 소식을 알기 어려웠습니다.
(나) 그러나 요즘에는 집에서도 쉽게 알 수 있습니다.
  옛날에는 다른 나라의 소식을 알기 어려웠으나
(가) 인터넷이 발달되었기 때문입니다.
  집에서도 쉽게 다른 나라의 소식을 알 수 있는 이유
(라) 그래서 다른 나라에 사는 친구들과도 인터넷을 통해
  인터넷이 발달되어서
  사귈 수 있습니다.

58. ②

(가) 지난 주말에 친구들과 여행을 갔습니다.
(라) 그런데 버스를 잘못 타서 길을 잃어버렸습니다.
  친구들과 여행을 갔는데

정답 및 해설

(나) 그때 어떤 아저씨께서 길을 알려 주셨습니다.
　　<u>길을 잃어버렸을 때</u>

(다) 길을 쉽게 찾게 되어서 정말 다행이었습니다.

59. ②

'그러면'은 앞의 내용이 뒤의 내용의 조건일 때 사용한다. 주어진 문장은 산에 사는 동물들의 먹이가 없다는 내용이다. 따라서 앞 문장에는 동물들이 먹이를 찾을 수 없게 하는 행동이 나와야 한다.

60. ②

① 산에는 동물만 살고 있습니다. (X)
　→ 산에는 동물과 식물이 살고 있다.
③ 자연을 지키는 일은 아무나 할 수 없습니다. (X)
　→ 자연을 지키는 일은 우리 모두 할 수 있다.
④ 산에 있는 식물을 집으로 가져오는 사람은 없습니다. (X)
　→ 산에 있는 식물과 동물을 집으로 가져오는 사람도 있다.

61. ③

'밖에'는 그것 이외에 다른 것은 없다는 뜻으로 부정 (negative)을 나타내는 표현과 함께 사용한다.

62. ①

② 친구는 컵을 만들었습니다. (X)
　→ 내가 친구의 컵을 만들었다.
③ 친구와 함께 사진을 찍었습니다. (X)
　→ 친구의 사진을 컵에 넣었다.
④ 친구는 언제나 기분이 좋습니다. (X)
　→ 알 수 없는 내용이다.

(63~64)

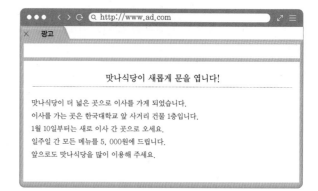

63. ④

맛나식당이 이사 간다는 내용을 알리는 글이다.

64. ③

① 1월 9일에는 맛나식당이 이사 간 곳으로 가면 됩니다. (X)
　→ 1월 10일부터 새로운 장소로 가면 된다.
② 맛나식당은 한국대학교에서 멀리 떨어진 곳에 있습니다. (X)
　→ 맛나식당은 한국대학교 앞 사거리에 있다.
④ 앞으로 맛나식당의 메뉴는 언제나 5,000원에 먹을 수 있습니다. (X)
　→ 1월 10일부터 일주일 간 5,000원에 먹을 수 있다.

65. ③

휴대폰 빛은 잠을 깊이 자지 못하게 한다는 내용이므로 '잠 들'이 들어가야 한다.

66. ②

① 휴대폰을 오래 사용하면 피곤합니다. (X)
　→ 휴대폰을 사용하면 잠을 깊이 잘 수 없어 피곤하다.
③ 잠을 많이 자면 건강에 좋지 않습니다. (X)
　→ 알 수 없는 내용이다.
④ 잠자기 전에 휴대폰을 사용하면 잠이 잘 옵니다. (X)
　→ 잠자기 전에 휴대폰을 사용하면 잠을 쉽게 잘 수 없다.

67. ④

'-(으)면'은 앞의 내용이 뒤의 내용의 조건이 될 때 사용한다. 운동을 할 때 힘을 더 내기 위해서 커피를 마신다는 내용이므로 '마시면'이 들어가야 한다. 받침이 있는 단어에는 '-으면', 받침이 없는 단어에는 '-면'을 사용한다. '-(으)면'은 동사, 형용사와 함께 쓰인다.

◆ 커피를 많이 마시면 밤에 잠이 잘 안 옵니다.

◆ 라면을 많이 먹으면 건강에 안 좋습니다.

68. ④

① 커피가 입 냄새를 나게 합니다. (X)
 → 커피는 입 냄새를 나지 않게 한다.
② 커피를 좋아하는 사람들은 많지 않습니다. (X)
 → 커피를 좋아하는 사람은 많다.
③ 커피를 5잔 마시면 밤에 잠을 잘 잘 수 있습니다. (X)
 → 커피를 3잔 이상 마시면 잠을 잘 잘 수 없다.

69. ②

다른 곳에서는 쉽게 할 수 없는 일을 해 볼 수 있기 때문에 사람들이 많이 온다는 내용이 되어야 한다. 따라서 '인기가 높습니다'라는 표현이 들어가야 한다.

70. ③

① 점점 더 많은 아이들이 이곳을 찾습니다. (X)
 → 알 수 없는 내용이다.
② 아이들은 소방관이 하는 일을 보기만 합니다. (X)
 → 직접 소방관이 되어 불을 꺼 볼 수 있다.
④ 아이들은 이곳에서 한 가지 직업만 체험해 볼 수 있습니다. (X)
 → 여러 직업을 해 볼 수 있다고 하였다.

제2회 실전모의고사

듣기

1	③	2	①	3	②	4	①	5	②	6	④	7	②	8	①
9	③	10	④	11	①	12	②	13	③	14	②	15	①	16	④
17	④	18	③	19	②	20	②	21	②	22	④	23	②	24	③
25	③	26	④	27	①	28	②	29	④	30	①				

읽기

31	①	32	③	33	②	34	①	35	③	36	③	37	①	38	④
39	②	40	③	41	④	42	④	43	①	44	②	45	③	46	②
47	④	48	③	49	②	50	①	51	④	52	③	53	②	54	④
55	②	56	③	57	②	58	②	59	①	60	④	61	①	62	④
63	②	64	④	65	②	66	③	67	③	68	②	69	②	70	③

TOPIK Ⅰ 듣기(1번~ 30번)   p.129

1. ③

여자: 시간이 있어요?
남자: _____

'네, 시간이 있어요.' 또는 '아니요, 시간이 없어요.'라고 대답할 수 있으므로 ③번이 답이다.

2. ①

남자: 머리가 길어요?
여자: _____

'네, 머리가 길어요.' 또는 '아니요. 머리가 짧아요./길지 않아요./안 길어요.'라고 대답할 수 있으므로 ①번이 답이다.

3. ②

여자: 영화는 언제 시작해요?
남자: _____

'언제'에 대한 질문에 적절한 답을 골라야 하므로 ②번이 답이다.

4. ①

남자: 사진에 있는 사람은 누구예요?
여자: _____

정답 및 해설

'누구'에 대한 질문에 적절한 답을 골라야 하므로 ①번이 답이다.

'그림', '붓'이라는 단어를 보아 미술과 관련된 장소임을 알 수 있다.

5. ②
여자: 고향 부모님이 보내 주신 귤인데 드셔 보세요.
남자: _____

'-아/어 보세요.'는 어떤 행동을 한번 시도해 보라고 권유하는 표현이다. 귤을 먹어 보라고 권유하였으므로 ②번과 같이 대답할 수 있다.

6. ④
남자: 여보세요, 거기 이혜진 씨 집이지요?
여자: _____

전화 대화에서 '~씨 집이지요?'라고 물었을 때 맞을 경우에는, '네, 제가 ~인데요.' 또는 '네. 맞는데 누구세요?' 등으로 대답할 수 있다. 잘못 걸려 온 전화일 경우에는 '아니요. 전화 잘못 거셨습니다.'라고 대답할 수 있다.

7. ②
여자: 산책을 하니까 기분이 좋아요.
남자: 맞아요. 소화도 잘 되는 것 같아요.

'공원'은 사람들이 벤치에 앉아서 쉬거나 산책을 할 수 있는 공간이다.

8. ①
남자: 학교 친구에게 선물할 꽃을 찾는데요.
여자: 향이 좋은 장미는 어떠세요?

여자는 꽃집 점원이고 남자는 손님이다. 친구 선물로 꽃을 사려는 남자에게 점원이 장미를 추천하고 있다.

9. ③
여자: 이 그림은 정말 멋지네요.
남자: 네. 이렇게 큰 그림을 그리려면 정말 큰 붓이 필요하겠어요.

10. ④
여자: 소포를 지금 보내면 언제 도착하나요?
남자: 일주일 뒤에는 도착할 겁니다.

'소포', '보내다' 등의 표현을 보아 우체국임을 알 수 있다.

11. ①
남자: 채소가 너무 비싸네요.
여자: 올해 비가 너무 많이 와서 그래요. 과일도 비싸요.

채소와 과일의 값에 대해 이야기하고 있다. 값은 '싸다' 또는 '비싸다'라고 표현한다.

◆ 값 = 가격

12. ②
여자: 저는 수영을 자주 해요.
남자: 저는 시간이 있을 때마다 컴퓨터 게임을 해요.

'취미'는 시간이 있을 때 자주 하고 좋아하는 일을 의미한다.

13. ③
남자: 무엇을 먹고 싶어요?
여자: 떡볶이도 먹고 싶고, 불고기도 먹고 싶어요.

남자와 여자가 서로 먹고 싶은 음식에 대해 대화를 하고 있다.

14. ④
여자: 이제 뭐가 남았어요?
남자: 식탁은 샀으니 침대를 사야 해요.

'식탁'과 '침대'는 가구의 종류이다.

15. ①

남자: (초인종 소리와 문 여는 소리)주문하신 불고기피자입니다.

여자: 네, 카드로 계산할게요.

남자는 피자 가게 배달원이다. 여자가 카드로 계산을 하겠다고 했으므로, 남자 배달원은 피자를 들고 있고 여자는 카드를 들고 있는 그림을 고르면 된다.

16. ④

여자: 민수야, 이제 일어나서 학교 가야지.

남자: 머리가 아파서 못 일어나겠어요.

집안 침실에서 여자가 누워 있는 남자를 깨우고 있는 상황이다. 남자가 머리가 아파서 못 일어난다고 이야기하고 있기 때문에 남자가 침대에 누워서 머리를 짚고 있는 그림을 고르면 된다.

17. ④

남자: 우리 이번 주 토요일에 가까운 산으로 놀러 가는 거 어때요? 등산이 건강에 좋대요.

여자: 등산이요? 저도 등산 좋아해요. 그런데 이번 주 토요일에는 비가 온대요.

남자: 그래요? 만약 비가 오면 밖에 나가지 말고 집에서 영화를 보기로 해요.

비가 오면 집에서 영화를 보기로 했으므로 ④번이 답이다.
① 여자는 등산을 좋아하지 않습니다. (X)
   → 여자는 등산을 좋아한다.
② 남자는 매주 토요일에 등산을 합니다. (X)
   → 알 수 없다.
③ 남자는 산에 올라가는 것을 좋아하지 않습니다. (X)
   → 남자가 먼저 여자에게 등산을 하자고 제안한 것으로 보아 남자는 등산을 좋아한다.

18. ③

여자: 늦어서 미안해요. 배탈이 나서 병원에 다녀오느라 늦었어요.

남자: 이제 괜찮아요? 식사를 규칙적으로 하지 않아서 탈이 났나 봐요.

여자: 맞아요. 어제 회사에 일이 많아서 점심을 먹지 못했거든요. 그래서 저녁에 밥을 너무 많이 먹었어요. 치료를 받고 소화제를 먹었더니 좀 괜찮아요.

남자: 이제부터 시간이 없어도 밥을 꼭 드세요.

여자는 어제 점심에 바빠서 점심을 먹지 못했다고 했으므로 ③번이 답이다.
① 남자는 어제 여자와 점심을 먹었습니다. (X)
   → 여자는 어제 점심을 먹지 않았다.
② 여자는 병원에 가서 치료를 받을 겁니다. (X)
   → 병원에 가서 치료를 받고 왔다.
④ 남자는 여자의 병을 치료해 주려고 합니다. (X)
   → 상관없는 내용이다.

19. ②

남자: 은경 씨는 졸업 후에 무슨 일을 하고 싶어요?

여자: 저는 목소리로 연기를 하는 직업인 성우가 되고 싶어요.

남자: 성우요? 은경 씨는 외모도 예쁘니까 배우가 되어도 좋을 거 같아요. 그런데 왜 성우가 되고 싶어요?

여자: 만화 영화를 정말 좋아하거든요. 좋아하는 만화 주인공 목소리 연기를 하면 정말 재미있을 거 같아요.

목소리로 연기를 하는 직업인 성우가 되고 싶다고 했으므로 ②번이 답이다.
① 남자는 영화배우입니다. (X)
   → 알 수 없다.
③ 남자는 여자와 영화를 볼 겁니다. (X)
   → 상관없는 내용이다.
④ 여자는 만화 영화를 만들고 싶습니다. (X)
   → 만화 영화를 만들고 싶은 것이 아니라 만화 영화 주인공의 목소리를 연기하고 싶어 한다.

20. ②

여자: 지용 씨, 여행은 잘 다녀왔어요?

남자: 아니요. 회사에 갑자기 중요한 일이 생겨서 휴가가 취소되었어요.

여자: 오래 전에 계획한 여행인데 못 가서 속상했겠어요.

남자: 괜찮아요. 조금 속상했지만 중요한 일을 해결해서 마음이 편해요. 그리고 다음 휴가 일정을 더 길게 계획할 수 있게 되어서 좋아요.

정답 및 해설

여행을 못 가서 속상하지만 중요한 일을 처리해서 마음이
편하다고 했으므로 ②번이 답이다.
① 여자는 휴가 때 여행을 다녀왔습니다. (X)
　　→ 알 수 없다.
③ 여자는 남자와 함께 휴가를 보냈습니다. (X)
　　→ 상관없는 내용이다.
④ 남자는 몸이 아파서 여행을 취소했습니다. (X)
　　→ 중요한 회사 일을 하느라 여행을 취소했다.

21. ②

여자: 제 휴대폰이 고장이 나서 고치러 왔는데요. 휴대폰
　　화면이 나오지 않아요.
남자: 네, 이쪽으로 오세요. 혹시 휴대폰을 떨어뜨리셨나요?
여자: 어제 휴대폰에 물을 쏟았어요. 바로 전원을 끄고 수건
　　으로 닦았는데 고장이 났네요.
남자: 어디가 잘못되었는지 확인해 볼게요. 내일 오후 5시에
　　찾으러 오세요.

남자가 마지막에 '내일 오후 5시에 찾으러 오세요.'라고 했
으므로 ②번이 답이다.
① 남자는 휴대폰을 새로 사고 싶습니다. (X)
　　→ 남자는 휴대폰을 고치는 사람이다.
③ 여자는 휴대폰을 바닥에 떨어뜨렸습니다. (X)
　　→ 휴대폰을 떨어뜨린 것이 아니라 휴대폰에 물을 쏟았
　　　다.
④ 남자는 휴대폰을 물과 수건으로 닦을 겁니다. (X)
　　→ 남자는 고장난 부분을 확인하고 고칠 것이다.

22. ④

남자: 지은아, 준비물은 모두 잘 챙겼니? 오늘 미술 수업이
　　있다고 했잖아.
여자: 네, 아빠. 그런데 물감이 조금 남아서 오늘 새로 사야
　　겠어요.
남자: 그래? 쓰던 물건을 다 사용한 뒤에 새것을 사는 것이
　　좋지 않을까?
여자: 글쎄요. 미리 준비를 해야 편리하죠. 꼭 필요한 때에
　　중요한 물건이 없으면 불편하잖아요.

여자는 필요한 때에 중요한 물건이 없으면 불편하기 때문에
미리 준비를 해야 편리하다고 생각하므로 ④번이 답이다.

23. ②

남자: 준희 씨는 도시 생활과 시골 생활 중 어느 것이 좋으세
　　요?
여자: 도시 생활이 편리하지만, 나이가 들고 나서는 시골에
　　가서 살고 싶어요.
남자: 그래요? 시골에는 병원이나 노인 시설이 많지 않아서
　　불편하지 않을까요?
여자: 맞아요. 불편한 점이 많을 거예요. 그래도 저는 맑은
　　공기 마시면서 시골에서 살고 싶어요.

여자는 시골 생활에 불편한 점이 많아도 맑은 공기를 마시
며 시골에서 살고 싶다고 했으므로 ②번이 답이다.

24. ③

여자: 오늘 왜 이렇게 늦었니? 늦을 때는 미리 연락을 해야지.
남자: 죄송해요. 친구와 얘기하느라 시계를 보지 못했어요.
　　저도 이제 성인이니 걱정하지 마세요.
여자: 앞으로는 늦을 때 미리 전화를 해주면 좋겠어. 그러면
　　걱정하지 않을 수 있잖아.
남자: 네, 죄송해요. 꼭 그렇게 할게요.

여자는 늦을 때 미리 전화를 해 주면 걱정하지 않을 수 있
어서 좋다고 생각하므로 ③번이 답이다.

(25~26)

여자: 고객 여러분들께 안내 말씀드리겠습니다. 지금 2층 안
　　내데스크에서 빨간색 지갑을 보관하고 있습니다. 지갑
　　안에는 신분증과 가족사진, 현금이 들어 있습니다. 1층
　　식품 코너에서 빨간색 지갑을 잃어버리신 분은 안내데
　　스크로 와 주시기 바랍니다. 감사합니다.

25. ③

여자는 누군가 잃어버린 지갑을 찾아 주려고 방송을 통해
안내하고 있다. 지갑 주인이 알 수 있도록 안에 들어 있는
물건들을 설명하고 보관하고 있는 곳을 알려 주고 있다.

26. ④

> 처음에 '2층 안내데스크에서 빨간색 지갑을 보관하고 있습니다.'라고 했으므로 ④번이 답이다.
> ① 식품 코너는 2층에 있습니다. (X)
>   → 식품 코너는 1층에 있다.
> ② 지갑의 색깔은 검은색입니다. (X)
>   → 지갑은 빨간색이다.
> ③ 지갑 안에는 아무것도 들어 있지 않습니다. (X)
>   → 지갑 안에는 신분증, 가족사진, 현금이 들어 있다.

(27~28)

남자: 요즘 주말에 뭐 해요? 월요일마다 표정이 밝아요.

여자: 아, 요즘 취미로 사진을 찍기 시작했어요. 아직 잘 찍지는 못하지만 정말 재미있어요. 스트레스도 풀리고요.

남자: 사진이요? 무슨 사진을 주로 찍어요?

여자: 매주 일요일에 친구들하고 산에 가요. 가서 나무도 찍고, 꽃도 찍고, 친구들 사진도 찍어요.

남자: 재미있겠네요. 언제 제 사진도 좀 찍어 주세요.

여자: 네, 열심히 연습해서 꼭 멋지게 찍어 드릴게요.

27. ①

> 여자가 주말에 하는 취미 생활에 대해 이야기하고 있다.

28. ②

> 여자는 매주 일요일에 친구들과 산에 가서 사진을 찍으며 시간을 보낸다고 했으므로 ②번이 답이다.
> ① 여자의 취미는 등산입니다. (X)
>   → 취미는 사진을 찍는 것이고, 사진을 찍기 위해 산에 간다.
> ③ 여자는 사진을 찍어서 판매할 겁니다. (X)
>   → 상관없는 내용이다.
> ④ 여자는 남자와 주말에 만나기로 했습니다. (X)
>   → 상관없는 내용이다.

(29~30)

여자: 여보세요? 여기 이화세탁소인데요. 그저께 맡기신 흰색 셔츠에 문제가 생겨서 전화드렸습니다.

남자: 네, 무슨 일이세요? 오늘 중요한 모임이 있어서 입으려고 했는데요.

여자: 다림질을 하다가 실수를 해서 셔츠가 타 버렸어요. 정말 죄송합니다. 똑같은 셔츠로 새로 사 드릴게요.

남자: 아, 아끼는 셔츠인데 속상하네요. 어쩔 수 없죠. 그럼 새 셔츠는 언제 받을 수 있나요?

여자: 오늘 오전에 댁으로 가져다 드릴게요. 죄송합니다.

남자: 네, 알겠습니다. 오전에는 집에 아무도 없으니까 오후 3시 이후에 가져다주세요.

29. ④

> 여자는 세탁소 직원이고 남자는 세탁소에 셔츠를 맡긴 손님이다. 여자가 다림질을 하던 중 셔츠가 망가져서 새것으로 사 주려고 전화를 했다.

30. ①

> 오전에는 집에 아무도 없으니까 셔츠를 오후 3시 이후에 가져다 달라고 했으므로 ①번이 답이다.
> ② 여자는 남자에게 셔츠 살 돈을 줄 겁니다. (X)
>   → 새 셔츠를 사 줄 것이다.
> ③ 여자는 백화점에 가서 새 셔츠를 살 겁니다. (X)
>   → 알 수 없다.
> ④ 남자는 내일 오후에 중요한 모임이 있습니다. (X)
>   → 남자는 오늘 중요한 모임이 있다.

31. ①

'비', '춥다'는 '날씨'와 관계있는 단어이다.

32. ③

'이지은'과 '토니'는 사람의 이름이다.

33. ②

'3월 20일'과 '3월 21일'은 날짜를 나타내는 표현이다.

34. ①

'보다'는 서로 차이가 있는 것을 비교할 때 사용하는 표현이다. 주어진 글은 호연이와 재경이의 키를 비교하는 내용이다.

35. ③

날씨가 흐린 이유는 '구름'이 많기 때문이다.

36. ③

물이나 주스는 '마시다'라는 동사(verb)와 사용한다.

37. ①

'기다리다'는 어떤 사람이나 때가 오기를 바란다는 뜻이다. 친구가 오기를 바라는 내용이므로 '기다리다'를 사용해야 한다.

38. ④

'제일'은 '여러 가지 중에 가장'이라는 뜻이다. 여러 과일 중에 바나나를 가장 좋아한다는 내용이므로 '제일'을 사용해야 한다.

39. ②

청소를 자주한 결과를 괄호에 넣어야 한다. 청소를 하면 깨끗해진다.

40. ③

4월	
4/월	동연 씨와 저녁 약속
5/화	한국어 수업
6/수	동생 생일
7/목	한국어 수업
8/금	윤하 씨와 등산
9/토	한국어 수업
10/일	쇼핑

저녁 약속은 월요일에 있다.

41. ④

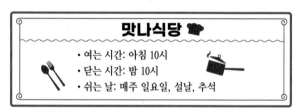

밤 10시에 식당 문을 닫는다.

42. ④

④ 은영 씨가 현주 씨에게 문자를 보냈습니다.
　→ 현주 씨가 은영 씨에게 문자를 보냈다.

43. ①

저는 매일 아침 수영을 하고 학교에 갑니다. <u>오후에는 수업을 듣고, 도서관에서 공부를 합니다.</u> 저녁에는 친구를 만나거나 아르바이트를 갑니다.

> ② 저는 저녁에 도서관에 갑니다. (X)
> → 오후에 도서관에 간다.
> ③ 저는 친구와 아르바이트를 합니다. (X)
> → 알 수 없는 내용이다.
> ④ 저는 도서관에서 공부를 하고 수업을 듣습니다. (X)
> → 수업을 듣고 도서관에 간다.

44. ②

떡볶이는 맵지만 맛있습니다. 한국에 처음 왔을 때는 매워서 먹지 못했습니다. 그러나 <u>지금은 떡볶이를 제일 좋아합니다.</u>

> ① 떡볶이는 맵지 않습니다. (X)
> → 떡볶이는 맵다.
> ③ 저는 지금도 떡볶이를 먹지 못합니다. (X)
> → 지금은 떡볶이를 제일 좋아한다.
> ④ 저는 처음부터 떡볶이를 잘 먹었습니다. (X)
> → 처음에는 매워서 먹지 못했다.

45. ③

누나와 같이 도서관에 갔습니다. 누나는 누나가 읽고 싶던 소설책을 찾았습니다. 그러나 <u>그 책은 다른 사람이 빌려갔습니다.</u>

> ① 누나는 소설책을 빌렸습니다. (X)
> → 그 소설책은 다른 사람이 빌려 갔다.
> ② 누나는 소설책을 돌려주었습니다. (X)
> → 알 수 없는 내용이다.
> ④ 누나는 소설책을 사고 싶었습니다. (X)
> → 누나는 소설책을 읽고 싶었다.

46. ②

> 일본 사람이지만 한국에 살고 있기 때문에 가족이 많이 보고 싶다는 내용이다.

47. ④

> 만화를 좋아해서 자주 본다는 내용이다.

48. ③

> 밤에 잠을 잘 자지 못해 커피 양을 줄이겠다는 내용이다.

49. ②

> 대상이 관광지이므로 '보다'라는 동사(verb)가 사용되어야 한다.

50. ①

> '서울 버스 여행'을 소개하면서 좋은 점들을 이야기하고 있다.

51. ④

> '-(으)면'은 앞의 내용이 뒤의 내용의 조건이 될 때 사용한다. 햇빛이 부족할 경우 뼈가 약해진다는 내용이므로 '부족하면'이 사용되어야 한다. 받침이 있는 단어에는 '-으면', 받침이 없는 단어에는 '-면'을 사용한다. '-(으)면'은 동사, 형용사와 함께 쓰인다.

52. ③

> 햇빛이 부족하면 생기는 것들에 대해 이야기하고 있다.

53. ②

> 한국 드라마로 한국어를 공부할 때 좋은 점에 대한 내용이다. 따라서 괄호에는 '드라마로 공부를 하면'이 들어가야 한다.

정답 및 해설

54. ④

① 한국 드라마를 보는 것은 자연스럽습니다. (X)
→ 한국 드라마를 보면 자연스러운 발음을 연습할 수 있다.
② 한국 드라마를 보는 사람들은 말이 많습니다. (X)
→ 알 수 없는 내용이다.
③ 한국 드라마를 보는 사람은 귀가 잘 들립니다. (X)
→ 한국 드라마를 보면 사람들이 하는 말이 잘 들린다.

55. ②

'여러'는 '많은, 다양한'이라는 뜻을 나타내는 단어이다. 김밥의 맛이 좋은 이유를 나타내는 문장이므로 괄호에는 '여러'가 들어가야 한다.

56. ③

① 김밥은 몸에 좋지 않습니다. (X)
→ 김밥에는 다양한 재료가 들어 있어 몸에 좋다.
② 김밥은 맛이 모두 똑같습니다. (X)
→ 김밥 재료에 따라 김밥마다 맛이 다르다.
④ 김밥을 싫어하는 사람이 많습니다. (X)
→ 김밥은 많은 사람들이 좋아하는 음식이다.

57. ③

(나) 한국의 과일은 무척 달고 맛있습니다.
(가) 사계절이 뚜렷하기 때문입니다.
    한국의 과일이 맛있는 이유
(다) 또, 계절마다 나오는 과일이 다릅니다.
(라) 그래서 다양한 과일을 맛 볼 수 있습니다.
    계절마다 나오는 과일이 달라서

58. ②

(가) 사람들이 건강에 관심이 많아졌습니다.
(다) 그래서 건강에 대한 정보를 많이 찾습니다.
    사람들이 건강에 관심이 많아져서
(라) 건강하기 위해서는 무엇보다 몸에 좋은 음식을 다양하게 먹는 것이 중요합니다.
(나) 또, 운동을 매일 하는 것도 중요합니다.
    몸에 좋은 음식을 다양하게 먹는 것과 함께

59. ①

'그래서'는 앞의 내용이 뒤의 내용의 이유를 나타낼 때 사용한다. 따라서 앞 문장은 안 쓰는 물건들을 정리한 이유가 나와야 한다.

60. ③

① 저희 집은 이사를 했습니다. (X)
→ 다음 달에 이사를 한다.
② 물건을 닦지 않아도 됩니다. (X)
→ 물건을 팔기 전에 닦을 것이다.
④ 필요한 물건을 싸게 샀습니다. (X)
→ 필요하지 않은 물건을 팔 것이다.

61. ①

괄호 뒤에는 '훨씬 더'라는 표현이 사용되었다. '훨씬 더'는 '어떠한 기준보다 더 많이'라는 뜻으로 앞에는 비교할 때 사용하는 단어가 나와야 한다. '보다'는 서로 차이가 있는 것을 비교할 때 사용하는 표현이다.

62. ④

① 박물관에 혼자 갔습니다. (X)
→ 형과 함께 갔다.
② 박물관에서 책을 읽었습니다. (X)
→ 알 수 없는 내용이다.
③ 박물관에서 화가를 만났습니다. (X)
→ 알 수 없는 내용이다.

(63~64)

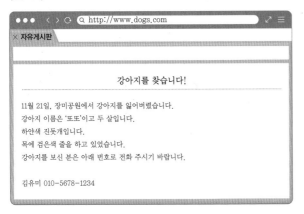

63. ②

김유미 씨가 잃어버린 강아지에 대한 내용이다.

64. ④

① 강아지는 장미를 좋아합니다. (X)
  → 알 수 없는 내용이다.
② 강아지는 장미공원에서 삽니다. (X)
  → 강아지를 잃어버린 곳이 장미공원이다.
③ 강아지는 검정 옷을 입고 있습니다. (X)
  → 강아지는 검은색 줄을 하고 있다.

65. ②

물건을 직접 만드는 것에 대한 이야기이다. 따라서 괄호에는 '만들'이 들어가야 한다.

66. ③

① 필요한 물건은 금방 만들 수 있습니다. (X)
  → 물건을 만드는 데에는 시간이 필요하다.
② 내가 만든 물건은 크기가 모두 똑같습니다. (X)
  → 내가 원하는 대로 만들 수 있다.
④ 요즘에는 물건을 시장에서 직접 사는 사람들이 많습니다. (X)
  → 필요한 물건을 직접 만들어 쓰는 사람들이 많다.

67. ③

내년에 있을 일을 이야기하는 것이므로 괄호에는 '갈 것입니다'가 들어가야 한다.

68. ②

① 부산에는 볼 것이 없습니다. (X)
  → 부산에는 구경할 것이 많다.
③ 가족들과 '부산국제영화제'에 가고 싶습니다. (X)
  → 친구들과 '부산국제영화제'에 가고 싶다.
④ 작년에는 '부산국제영화제'를 하지 않았습니다. (X)
  → 해마다 '부산국제영화제'를 한다.

69. ②

'-(으)려고'는 어떤 행동을 할 생각이나 계획을 나타내는 표현이다. 따라서 괄호에는 '다니려고 하다'가 들어가야 한다.

70. ③

① 한국어 수업을 듣는 학생이 많습니다. (X)
  → 알 수 없는 내용이다.
② 건강을 위해서 계단을 이용하는 사람이 많습니다. (X)
  → 알 수 없는 내용이다.
④ 엘리베이터를 오래 기다리면 수업에 지각을 하게 됩니다. (X)
  → 알 수 없는 내용이다.

제3회 실전모의고사

듣기

1	①	2	④	3	①	4	③	5	②	6	②	7	④	8	③
9	①	10	③	11	②	12	④	13	②	14	②	15	①	16	④
17	④	18	③	19	②	20	①	21	①	22	③	23	②	24	④
25	②	26	①	27	④	28	③	29	④	30	①				

읽기

31	④	32	①	33	①	34	④	35	②	36	①	37	③	38	②
39	④	40	③	41	②	42	④	43	③	44	④	45	②	46	③
47	③	48	④	49	④	50	④	51	②	52	④	53	③	54	④
55	②	56	③	57	②	58	④	59	②	60	④	61	①	62	④
63	①	64	①	65	③	66	④	67	①	68	④	69	②	70	③

TOPIK Ⅰ 듣기(1번~ 30번)   p.157

1. ①

여자: 힘이 세요?

남자: _____

'네, 힘이 세요.' 또는 '아니요, 힘이 세지 않아요./힘이 약해요.'라고 대답할 수 있으므로 ①번이 답이다. 힘은 '크다/작다'로 표현하지 않는다.

2. ④

남자: 운동을 좋아해요?

여자: _____

'네, 운동을 좋아해요.' 또는 '아니요. 운동을 좋아하지 않아요./운동을 안 좋아해요./운동을 싫어해요.'라고 대답할 수 있으므로 ④번이 답이다.

3. ①

여자: 한국에서 얼마나 살았어요?

남자: _____

'얼마나'에 대한 적절한 답을 골라야 한다. '한국에서 얼마나 살았어요?'는 얼마나 오래 살았느냐는 질문이므로 기간을 표현한 ①번이 답이다.

4. ③

여자: 오늘 어디에서 만나요?

남자: _____

'어디에서'에 대한 적절한 대답을 골라야 하므로 ③번이 답이다.

5. ②

남자: 조카가 태어났어요.

여자: _____

축하할 만한 상황에서 사용할 수 있는 적절한 표현을 고르는 문제이다. 남자의 조카가 태어난 것은 축하해 주어야 하는 일이므로 ②번이 답이다.

6. ②

여자: 전화가 오면 알려 주세요.

남자: _____

'-아/어 주세요.'는 부탁하는 말하기에서 사용하는 표현이다. 여자의 부탁에 대한 적절한 답변을 고르는 문제이다. 부탁에 대한 답변으로 ②번이 적절한 답이다.

7. ④

남자: 어떻게 해 드릴까요?

여자: 흰머리를 검은색으로 염색해 주세요.

'머리', '염색'이라는 단어로 보아 미용실에서 할 수 있는 대화이다.

8. ③

여자: 저 말 좀 봐요. 눈이 정말 예뻐요.

남자: 저기 원숭이들도 정말 귀엽네요.

'말', '원숭이'는 동물의 종류이다. 동물원은 여러 종류의 동물을 보호하고 사람들에게 다양한 동물을 만날 수 있는 기회를 제공하는 장소이다.

9. ①

남자: 정상에 오르니 공기가 시원해요.

여자: 네, 올라오느라 고생은 했지만 기분이 좋아요.

'정상'은 산의 가장 높은 곳을 의미한다. 남자와 여자가 산 정상에 올라 대화를 하고 있다.

10. ③

남자: 이 책 두 권을 빌리고 싶은데요.

여자: 네, 대출증을 보여 주세요.

여자는 도서관 직원이다. '책', '대출증'이라는 단어로 보아 도서관에서 이야기하고 있음을 알 수 있다.

11. ②

여자: 차를 어디에 세우면 좋을까요?

남자: 오른쪽에 주차장이 있어요. 그곳에 세우면 됩니다.

'주차장'은 차를 세워 두는 장소를 의미한다.

12. ④

남자: 수연 씨, 요즘 계속 늦게 오네요. 무슨 일 있어요?

여자: 죄송해요. 몸이 아파서요. 이제부터 늦지 않을게요.

학교 또는 회사에 정해진 시간보다 늦게 오는 것은 '지각' 이다.

13. ②

여자: 무슨 공부를 해요?

남자: 대학교에서는 수학을 공부했는데, 대학원에서는 영어 를 공부해요.

남자의 대학교와 대학원 전공에 대하여 이야기하고 있다.

14. ②

남자: 저는 베트남 사람이에요.

여자: 저는 태국에서 왔어요. 한국에 산 지 1년 되었어요.

'~ 사람', '~에서 오다'라는 표현은 국적을 표현할 때 사용할 수 있다.

15. ①

여자: 저기 보세요! 한국 팀이 이기고 있어요.

남자: 경기장에 직접 가서 응원을 해야 하는데 아쉬워요.

남자와 여자가 텔레비전으로 축구 경기를 보며 대화하는 상황이므로 함께 소파에 앉아 텔레비전을 보는 그림을 고르면 된다. 남자가 경기장에 직접 가서 응원하지 못해 아쉽다고 말하는 것으로 보아 ④번은 답이 아니다.

16. ④

남자: 제가 설거지를 할게요.

여자: 고마워요. 저는 그럼 음식 재료를 준비할게요.

남자는 설거지를 하고 여자는 음식 재료를 준비하겠다고 했으므로 ④번이 답이다. ①, ③번에서는 남자가 설거지를 하지 않고 신문을 보거나 차를 마시고 있으므로 답이 아니다.

17. ④

여자: 실례합니다. 혹시 한옥마을에 가려면 어떻게 가야 하 는지 아세요?

남자: 네, 이 길 끝에서 오른쪽으로 가면 버스 정류장이 나와 요. 거기서 7번 버스를 타세요.

여자: 아, 네. 고맙습니다. 버스 시간은 정해져 있나요?

남자: 네, 5분마다 버스가 한 대씩 와요.

남자가 여자에게 버스 정류장의 위치와 버스 번호, 버스가 오는 시간을 알려주고 있으므로 ④번이 답이다.
① 남자는 한옥마을 직원입니다. (X)
  → 알 수 없다.
② 여자는 지금 한옥마을에 있습니다. (X)
  → 여자는 한옥마을에 가는 길을 찾고 있다.
③ 여자는 남자를 한옥마을로 데려다 주었습니다. (X)
  → 남자가 여자에게 한옥마을 가는 길을 알려 주었다.

18. ③

남자: 약속 시간보다 일찍 왔네요. 김 선생님은 아직 안 오셨어요.

여자: 그래요? 그럼 커피숍에서 커피 마시면서 기다려요.

남자: 네, 그래요. 이 건물 3층에 괜찮은 커피숍이 있어요. 거기로 가요.

여자: 좋아요. 그럼 저는 화장실에 갔다가 거기로 갈게요.

> 여자가 화장실에 갔다가 3층 커피숍으로 가겠다고 했으므로 ③번이 답이다.
> ① 여자는 약속 장소에 늦게 도착했습니다. (X)
> → 여자는 약속 시간보다 일찍 왔다.
> ② 두 사람은 약속 시간보다 늦게 만났습니다. (X)
> → 두 사람은 약속 시간보다 일찍 만났다.
> ④ 여자는 지금 김 선생님과 커피숍에 있습니다. (X)
> → 두 사람은 김 선생님을 기다리고 있다.

19. ②

여자: 이 책들을 미국에 계신 부모님께 보내려고 하는데요.

남자: 네, 포장 상자 값은 천 원이고 배송료는 삼만 원입니다.

여자: 상자를 사지 않고 그냥 종이봉투에 포장해서 보내면 안 될까요?

남자: 상자에 포장을 하지 않으면 책이 망가질 수도 있는데 괜찮으시겠어요?

> 남자는 우체국 직원이고 여자는 소포를 보내려는 고객이다. 여자가 처음에 책들을 미국에 계신 부모님께 보내려고 한다고 했으므로 ②번이 답이다.
> ① 여자는 남자에게 책을 선물할 겁니다. (X)
> → 남자는 여자가 보낼 물건을 처리해 줄 우체국 직원이다.
> ③ 두 사람은 함께 선물을 포장하고 있습니다. (X)
> → 두 사람은 소포 포장 방법에 대하여 이야기를 하고 있다.
> ④ 두 사람은 부모님께 드릴 선물을 고르고 있습니다. (X)
> → 상관없는 내용이다.

20. ①

남자: 3시 영화 표 두 장 주세요. 가격은 얼마인가요?

여자: 영화 표 한 장에 만 원입니다. 두 장이니까 이만 원 주시면 됩니다.

남자: 학생증을 가져오면 할인이 된다고 들었는데요, 얼마나 할인이 되나요?

여자: 네, 20% 할인이 됩니다. 학생증 보여 주세요.

> 여자는 영화표를 판매하는 직원이고 남자는 손님이므로 ①번이 답이다.
> ② 여자는 영화 표 할인 방법을 모릅니다. (X)
> → 여자는 학생증을 보여 주면 20% 할인이 된다고 안내해 주고 있다.
> ③ 남자는 학생증을 가져오지 않았습니다. (X)
> → 알 수 없다.
> ④ 남자는 지금 영화관에서 영화를 보고 있습니다. (X)
> → 아직 영화표를 사고 있다.

21. ①

여자: 범수 씨, 안전벨트 맸어요? 차에 타면 바로 안전벨트를 매세요.

남자: 아, 좀 귀찮은데요. 그리고 저는 답답해서 벨트를 잘 매지 않아요.

여자: 그러면 안 돼요. 안전벨트를 매지 않으면 교통사고가 났을 때 크게 다칠 수 있어요.

남자: 네, 걱정해 줘서 고마워요. (벨트 매는 소리) 자, 이제 됐죠? 앞으로는 꼭 맬게요.

> 남자와 여자가 차 안에서 안전벨트에 대해 대화를 나누고 있으므로 ①번이 답이다.
> ② 여자는 안전벨트를 매지 않았습니다. (X)
> → 남자가 매지 않아서 여자가 남자에게 안전벨트의 필요성을 말해 주고 있다.
> ③ 남자는 교통사고가 나서 크게 다쳤습니다. (X)
> → 상관없는 내용이다.
> ④ 남자는 앞으로 안전벨트를 매지 않을 겁니다. (X)
> → 남자는 앞으로 안전벨트를 꼭 맬 것이다.

22. ③

남자: 오늘은 왜 버스로 오지 않고 지하철로 왔어요? 집 앞에 정류장이 있잖아요.

여자: 오늘 시청 광장에서 축제가 있어서 도로가 복잡해요. 그래서 지하철을 탔어요.

남자: 축제요? 그런 행사는 주말에 하면 좋겠어요. 출퇴근 시간에 길이 막히지 않게요.

여자: 길이 막혀서 좀 불편하기는 하지만 어쩔 수 없죠.

여자는 축제 때문에 길이 막혀서 좀 불편하지만 어쩔 수 없다고 말하고 있으므로 ③번이 답이다. ①, ②번은 남자의 생각이다.

23. ②

남자: 유학 가는 기분이 어때요?

여자: 좋아요. 그런데 처음으로 외국에서 생활하는 거라서 걱정이에요. 한국 음식도 그리울 거 같아요.

남자: 걱정 말아요. 처음에는 힘들겠지만 그곳 생활이 익숙해지면 편해질 거예요.

여자: 네, 고마워요. 그렇지만 익숙해지려면 많은 시간이 지나야 할 것 같아요.

여자는 처음으로 하는 외국 생활에 대해 걱정하고 있으므로 ②번이 답이다. ③번은 남자의 생각이다.

24. ④

남자: 오늘 많이 피곤해 보이네요. 어젯밤에 무슨 일 있었어요?

여자: 컴퓨터 게임이 재미있어서 정신없이 하느라 너무 늦게 잤어요.

남자: 컴퓨터 게임을 오래 하면 건강에 좋지 않아요. 정신 건강에도 좋지 않고요.

여자: 글쎄요. 게임을 하면 스트레스를 풀 수 있으니까 정신 건강에 도움이 되지 않을까요?

여자는 게임을 하면 스트레스를 풀 수 있어서 정신 건강에 도움이 된다고 생각하므로 ④번이 답이다. ③번은 남자의 생각이다.

(25~26)

여자: 하늘학교에서는 이번 일요일에 어려운 이웃들을 돕기 위한 바자회를 합니다. 바자회는 이번 일요일 오후 2시부터 5시까지 학교 운동장에서 열릴 것입니다. 이번 바자회를 위해 우리 학교의 여러 선생님들과 학생들이 옷, 신발, 가방, 책 등을 준비하고 있습니다. 바자회 후에는 문화공연도 있을 예정이니 많이 참여해 주세요.

25. ②

여자가 이번 일요일에 하늘학교에서 열릴 바자회에 대해 소개하고 있다. 바자회의 목적, 날짜와 시간, 장소, 판매 물건, 바자회 후의 문화공연 계획 등을 자세히 안내하고 있다.

26. ①

바자회가 이번 일요일 오후에 학교 운동장에서 열릴 것이라고 했으므로 ①번이 답이다.

② 바자회 후에는 먹을거리 장터가 열립니다. (X)
→ 바자회 후에는 문화공연이 열릴 것이다.

③ 바자회는 월요일 수업이 끝난 후에 열립니다. (X)
→ 바자회는 일요일 오후 2시부터 5시까지 열린다.

④ 학생들과 부모님들이 바자회 물건을 준비했습니다. (X)
→ 선생님들과 학생들이 바자회 물건을 준비하고 있다.

(27~28)

남자: 은영 씨, 오늘 입은 원피스가 참 예쁘네요. 어디에서 샀어요?

여자: 인터넷 쇼핑몰에서 샀어요. 가격도 저렴하고 디자인이 마음에 들어요.

남자: 네, 정말 잘 어울려요. 저는 인터넷 쇼핑몰에서 물건 고르기가 어렵던데.

여자: 저는 인터넷에서 물건을 살 때 백화점에서 먼저 물건을 보고 사요. 그러면 실패할 확률이 적어요.

남자: 그래요? 좋은 방법이네요. 혹시 잘 아는 인터넷 쇼핑몰이 있으면 알려 주세요.

여자: 제 남동생이 남자 옷을 파는 쇼핑몰을 잘 알아요. 남동생한테 물어보고 알려 줄게요.

정답 및 해설

27. ④

> 남자와 여자가 인터넷에서 쇼핑하는 방법에 대해 이야기하고 있다. 여자가 남자에게 인터넷에서 물건을 살 때 실패하지 않을 방법을 알려 주고 있다.

28. ③

> 남자가 여자의 원피스가 예쁘다고 하자 여자가 인터넷 쇼핑몰에서 산 것이라고 말했으므로 ③번이 답이다.
> ① 남자는 저렴한 물건을 좋아합니다. (X)
>   → 알 수 없다.
> ② 여자는 남자와 함께 백화점에 갈 겁니다. (X)
>   → 알 수 없다.
> ④ 남자는 인터넷 쇼핑몰에서 물건을 자주 삽니다. (X)
>   → 인터넷 쇼핑몰에서 물건 사는 것이 어렵다고 생각한다.

(29~30)

남자: 수진 씨, 점심시간에 어디 갔었어요?

여자: 아, 꽃집에 가서 어머니께 드릴 꽃다발을 사 왔어요. 내일 저희 어머니가 공연을 하시거든요.

남자: 공연이요? 어머니가 무슨 공연을 하시는데요?

여자: 어머니가 한국무용을 전공하셨거든요. 내일 문화극장에서 공연을 하세요. 준영 씨도 시간이 있으면 보러 오세요.

남자: 와, 멋지시네요. 꼭 보러 갈게요. 그런데 친구랑 같이 가도 될까요?

여자: 네, 물론이에요. 무료 공연이니까 여러 명이 함께 오셔도 괜찮아요.

29. ④

> 여자는 내일 있을 어머니의 공연에서 어머니께 선물하기 위해 꽃다발을 사 왔다.

30. ①

> 내일 여자의 어머니가 문화극장에서 한국무용 공연을 한다고 했으므로 ①번이 답이다.
> ② 남자는 어머니와 함께 공연에 갈 겁니다. (X)
>   → 남자는 친구와 함께 여자 어머니의 공연에 갈 것이다.
> ③ 남자는 내일 꽃집에 가서 꽃을 살 겁니다. (X)
>   → 여자가 오늘 어머니께 드릴 꽃을 샀다.
> ④ 여자는 남자에게 영화 티켓을 선물했습니다. (X)
>   → 영화 티켓을 선물한 것이 아니라 무료 공연에 초대를 했다.

31. ④

'떡볶이'에 대한 이야기이다. '떡볶이'는 음식이다.

32. ①

'쇼핑'은 물건을 사러 백화점이나 가게에 가는 것이다.

33. ①

한국어와 영어 수업을 하는 곳에 대한 내용이다.

34. ④

'까지'는 어떤 일이나 행동이 끝나는 시간을 나타낼 때 사용한다.

35. ②

'달력'에는 '날짜'와 '요일'이 나와 있다.

36. ①

'의자'는 사람이 앉는 데 사용하는 가구이다.

37. ③

'자주'는 여러 번 반복하여 계속하는 것을 나타낸다.

38. ②

신호등의 초록불에는 길을 건넌다.

39. ②

◆ 춤을 추다.
◆ 신발을 신다.
◆ 노래를 부르다.
◆ 그림을 그리다.

40. ③

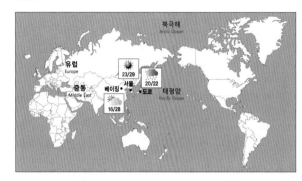

서울이 29도로 가장 덥다.

41. ②

사랑 영화관 이용 가격	
요일	가격
월~목	7,000원
금	8,000원
토~일	9,000원

※영화 시작 10분 전까지 예약을 취소할 수 있습니다.

월요일부터 목요일까지는 칠천 원을 낸다.

42. ④

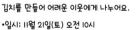

사랑의 김치 만들기

김치를 만들어 어려운 이웃에게 나누어요.

•일시: 11월 21일(토) 오전 10시
•장소: 희망공원
•신청: 02-9876-5432로 전화 주세요.
※참여하시는 분께는 점심을 드립니다.

김치를 함께 만든다. 참여하는 사람에게 점심을 준다.

정답 및 해설

43. ③

어제 친구와 동대문 시장에 처음 갔습니다. 그곳에는 예쁜 옷과 가방들이 많았습니다. 쇼핑 온 사람들도 많았습니다.

> ① 저는 오늘 쇼핑을 했습니다. (X)
> → 어제 쇼핑을 했다.
> ② 저는 동대문 시장에 자주 갑니다. (X)
> → 어제 동대문 시장에 처음 갔다.
> ④ 동대문 시장에서 친구를 처음 만났습니다. (X)
> → 틀린 내용이다.

44. ④

저는 노래를 배웁니다. 매일 학교에 가서 노래 연습을 합니다. 친구와 음악회도 자주 갑니다.

> ① 저는 혼자 음악회에 갑니다. (X)
> → 친구와 함께 음악회에 간다.
> ② 저는 음악회에 가지 않습니다. (X)
> → 음악회에 자주 간다.
> ③ 저는 친구와 노래를 배웁니다. (X)
> → 알 수 없는 내용이다.

45. ②

내일 저녁에 한국에 사는 친구가 우리 집에 옵니다. 그래서 아침부터 집을 깨끗이 청소했습니다. 내일은 친구가 좋아하는 음식을 준비할 겁니다.

> ① 친구는 한국에 삽니다. (X)
> → 틀린 내용이다.
> ③ 음식을 많이 만들었습니다. (X)
> → 내일 음식을 만들 것이다.
> ④ 친구가 오늘 집에 방문합니다. (X)
> → 내일 친구가 방문한다.

46. ③

정훈 씨는 몸에 맞는 옷을 찾기 어렵기 때문에 인터넷으로 옷을 산다는 내용이다.

47. ③

다음 달에 한국 여행을 가기 때문에 빨리 다음 달이 되면 좋겠다는 내용이다.

48. ④

건강에 관심이 많아 몸에 좋은 것들에 대해 공부한다는 내용이다.

49. ④

말하기 대회 준비에 대한 내용이다. 따라서 괄호에는 '말할'이 들어가야 한다.

50. ②

> ① 저는 종종 말하기 연습을 합니다. (X)
> → 매일 말하기 연습을 한다.
> ③ 저는 처음부터 말하기를 잘하였습니다. (X)
> → 처음에는 말하기를 잘하지 못했다.
> ④ 저는 친구들이 연습하는 것을 도와줍니다. (X)
> → 친구들이 나의 연습을 도와준다.

51. ①

'따라서'는 앞의 내용이 뒤의 내용의 이유일 때 사용한다. 주어진 문장의 앞에는 손을 깨끗이 씻어야 하는 이유에 대해 이야기하므로 괄호 안에는 '따라서'가 들어가야 한다.

52. ④

손을 씻지 않으면 병에 걸리기 쉽기 때문에 손을 깨끗이 씻어야 한다는 내용이다.

53. ③

'그래서'는 앞의 내용이 뒤의 내용의 이유를 나타낼 때 사용한다. '따라서'와 같은 뜻이다. 주어진 문장의 앞에는 버스보다 지하철을 자주 이용하는 이유에 대해 이야기 하므로 괄호 안에는 '그래서'가 들어가야 한다.

54. ④

① 저는 버스를 더 많이 탑니다. (X)
　→ 지하철을 더 많이 탄다.
② 버스를 타면 길이 막힐 일이 없습니다. (X)
　→ 버스를 타면 길이 막힐 수 있다.
③ 지하철역은 버스 정류장 옆에 있습니다. (X)
　→ 알 수 없는 내용이다.

55. ②

'가끔'은 자주 하지 않음을 나타낼 때 사용한다. '때'를 나타내는 단어는 보기에서 '가끔' 뿐이다.

56. ③

① 저는 형보다 키가 훨씬 큽니다. (X)
　→ 형과 키가 비슷하다.
② 저는 형에게 옷을 빌려 줍니다. (X)
　→ 형이 나에게 옷을 빌려 준다. 나는 형의 옷을 빌려
　　입는다.
④ 저와 형은 얼굴이 많이 다르게 생겼습니다. (X)
　→ 형과 얼굴이 비슷하다.

57. ②

(가) 저는 운동하는 것을 싫어했습니다.
(라) 그러던 어느 날 학교에서 달리기 시합을 했습니다.
　　운동하는 것을 싫어하던 어느 날
(다) 그런데 열심히 달리고 나니 기분이 좋았습니다.
　　운동하는 것을 싫어했는데
(나) 그 이후로 운동을 열심히 하게 되었습니다.
　　달리기 시합에서 열심히 달리고 난 후에

58. ④

(나) 오늘은 아침부터 매우 바빴습니다.
(라) 아침 일찍 일어나 커피숍 아르바이트를 갔습니다.
(다) 오후에는 학교에서 시험공부를 했습니다.
(가) 집에 돌아오니 무척 피곤했습니다.
　　집에 다시 오니

59. ③

'그래서'는 앞의 내용이 뒤의 내용의 이유를 나타낼 때 사용한다. 따라서 주어진 문장의 앞에는 출장을 가면 전화나 메일을 많이 이용하는 이유가 나와야 한다.

60. ④

① 저는 가족과 함께 출장을 다닙니다. (X)
　→ 출장을 가면 가족을 볼 수 없다.
② 저는 해외 출장 다니는 것이 불편합니다. (X)
　→ 알 수 없는 내용이다.
③ 저는 출장에 가면 인터넷은 사용하지 않습니다.(X)
　→ 인터넷으로 가족, 친구와 연락한다.

61. ①

'-(으)면'은 앞의 내용이 뒤의 내용의 조건이 될 때 사용한다. 괄호 뒤에 눈이 아프고 피곤하다는 내용이므로 괄호에는 '마르면'이 들어가야 한다. 받침이 있는 단어에는 '-으면', 받침이 없는 단어에는 '-면'을 사용한다. '-(으)면'은 동사, 형용사와 함께 쓰인다.

62. ④

① 눈이 아프면 눈물이 납니다. (X)
　→ 알 수 없는 내용이다.
② 눈 운동은 눈물을 마르게 합니다.
　→ 눈 운동은 눈물을 마르지 않게 한다.
③ 멀리 있는 것을 보면 눈이 나빠집니다.
　→ 멀리 있는 것을 보는 것은 눈에 좋다.

정답 및 해설

(63-64)

받는 사람: umum@thl.edu
보낸 사람: yumi@hankuk.com
제   목: 움 씨, 안녕하세요?

안녕하세요, 움 씨?
다음 주 토요일에 저희 집에서 한국어를 배우는 친구들이 함께 저녁을 먹을 거예요. 움 씨도 시간이 되면 저희 집에 오세요. 저희 집은 한국대학교에서 10분 거리에 있어요. 토니 씨가 저희 집을 알고 있으니 토니 씨와 같이 오면 쉽게 올 수 있어요. 다음 주에 올 수 있으면 연락 주세요.
안녕히 계세요.

김유미 드림

63. ①

한국어를 배우는 친구들이 함께 저녁을 먹는다고 하였다. 여기에 움 씨도 시간이 되면 오라고 하는 내용이다.

64. ①

② 움 씨는 한국대학교 근처에 삽니다. (X)
　→ 알 수 없는 내용이다.
③ 움 씨는 김유미 씨 집을 알고 있습니다. (X)
　→ 토니 씨가 김유미 씨 집을 알고 있다.
④ 김유미 씨는 친구들과 저녁을 사 먹을 겁니다. (X)
　→ 김유미 씨는 친구들과 집에서 저녁을 먹을 것이다.

65. ③

괄호 뒤에는 사과 아이스크림이 아주 맛있다는 내용이다. 따라서 괄호에는 '제일 좋아하는'이 들어가야 한다.

66. ④

① 아이스크림 가게는 오래되었습니다. (X)
　→ 아이스크림 가게는 새로 생겼다.
② 저는 가끔 아이스크림 가게에 갑니다. (X)
　→ 아이스크림 가게에 자주 간다.
③ 저는 홍차 아이스크림을 자주 먹습니다. (X)
　→ 알 수 없는 내용이다.

67. ①

자연에 대한 관심이 많아졌다는 내용이 앞에 나온다. 따라서 전기 자동차도 점점 '많아질' 것이다.

68. ④

① 사람들은 자연에 관심이 없습니다. (X)
　→ 사람들은 자연에 관심이 많다.
② 전기 자동차는 공기를 더럽게 합니다. (X)
　→ 기름 자동차가 공기를 더럽게 한다.
③ 기름으로 가는 자동차는 자연을 깨끗하게 합니다. (X)
　→ 기름 자동차는 자연을 더럽게 한다.

69. ③

괄호 안에는 섭섭한 이유가 나와야 한다. 따라서 괄호에는 '함께 보낼 수 없어'가 들어가야 한다.

70. ③

① 아버지 생신날 소포가 도착합니다. (X)
　→ 알 수 없는 내용이다.
② 아버지는 생신을 혼자 보내십니다. (X)
　→ 알 수 없는 내용이다.
④ 아버지는 한국 음식을 잘 만드십니다. (X)
　→ 알 수 없는 내용이다.

memo

한국어능력시험

COOL
TOPIK I
─ 종합서 ─

정답 및 해설

Since1977

 시사 Dream,
Education can make dreams come true.